따뜻한 종교이야기

Heart-warming Story of Religion

For All Theists and Atheists

By Kim Whanyung

Published by Hangilsa Publishing Co., Ltd., Korea, 2018

따뜻한 종교이야기

유신론자와 무신론자 모두를 위하여

김환영 지음

My Little Library 03

한길사

"강, 연못, 호수, 개울.
이름은 달라도 모두 물을 담고 있다.
각 종교도 이름은 다르지만
모두 진리를 포함하고 있다."
· 무함마드 알리

문명의 뿌리, 종교 이야기
· 책 머리에 붙이는 말

'쉽고 재미있게 읽을 수 있는 종교학 개론'이 필요하다는 인식에서 이 책을 썼다.

"아직도 종교를 믿으시나요?"라고 반문하는 사람이 있다. 종교는 세속주의나 휴머니즘, 과학과 승산 없는 싸움을 벌이고 있는지도 모른다. 하지만 21세기에도 종교는 중요하다. 아직 종교는 힘을 잃지 않았다.

근대가 시작되면서 많은 사람이 종교의 종언을 예상했다. 하지만 신앙인은 줄어드는 것처럼 보이지만 사실은 늘어나고 있다. 미국·유럽 등지에서는 새로운 신자들이 점점 감소하고 있지만 세계 다른 지역에서는 증가하고 있다.

기성 종교의 신자는 줄어들고 있는 데 반해 여전히 많은 사람이 영성 세계의 문을 두드린다. 무신론자가 증가하고 있다고 하지만 어떤 측면에서 그들은 신앙인보다도 더욱 '종교적'인 사람들이다.

탈근대 시대에 전근대·근대의 요소가 사라지는 것은 아니다. 이

것들은 혼재한다. 전근대·근대·탈근대가 부딪히는 현장에 종교가 있다.

종교 때문에 지불하는 사회적 비용이 상당히 크다. 많은 이에게 종교는 결코 양보할 수 없는, 생사가 걸린 전쟁터다. 그들에게 종교는 대화와 타협의 대상이 아니다. 종교 갈등으로 풍비박산하는 집안도 있다. 종교가 달라 사랑의 결실을 맺지 못하는 청춘남녀도 있다.

무지는 오해를 부른다. 오해는 증오의 뿌리가 될 수 있다. 물론 새로운 지식이 새로운 갈등을 일으킬 수도 있다. 하지만 그런 경우는 흔치 않다고 생각한다. 지식은 이해를 낳으며 이해는 종교 공존의 전제조건이다.

종교를 몰라도 사는 데 지장이 없을까. 그럴지도 모른다. 하지만 종교에는 버리기에 아까운 가치가 있다. 모든 문명의 뿌리는 종교다. 종교를 모르면 동서양 고전을 이해할 수 없다. 종교가 빠진 인문학, 문·사·철文史哲은 공허하다.

어떻게 살 것인가. 진리란 무엇인가. 사람은 어디에서 와서 어디로 가는가. 불행을 피하고 행복을 얻으려면 어떻게 해야 할까. 문·사·철뿐만 아니라 종교도 이와 같은 질문을 다룬다. 종교는 이들 질문에 대해 다양한 답을 내놓는다. 인생 문제가 담겨 있는 종교라는 보고寶庫를 굳이 외면할 필요가 있을까. 종교를 믿지 않더라도 이를 참조할 수는 있다.

우리는 다문화사회에 진입했다. 다문화는 다종교다. 우리는 언젠가 통일을 맞이하게 될 것이다. 북한이라는 '거대한 종교의 진공 상태'가 치열하게 경쟁하는 다종교와 만나면 어떻게 될지 모른다. 종교에 대한 최소한의 이해가 필요한 이유다.

개인적으로는 종교가 있는 것이 종교가 없는 것보다 더 좋다고 생각한다. 하지만 '건강한 믿음'뿐만 아니라 '건강한 불신'도 있으며, '병든 불신'뿐만 아니라 '병든 믿음'도 있다. 기준이 무엇일까. '믿음 때문에 자신과 남을 해치는 일을 피하는 것, 믿음 덕분에 자신과 남을 더 행복하게 만드는 것'이라고 생각한다. 신앙에 대한 올바른 지식이 이 기준을 만족시키는 여러 가지 바탕 가운데 하나라고 믿는다.

종교는 결국 체험의 문제인지도 모른다. 하지만 지식 없는 믿음은 성장하지 못하고 제자리걸음을 벗어나지 못할 수도 있다. 종교적 지식을 스님·목사님·신부님에게 일임하는 신앙인도 있다. 이 책이 자신의 종교뿐만 아니라 다른 사람의 종교에 대한 지적 욕구를 자극하길 기대한다.

이 글을 『월간중앙』에 연재할 때 초인적인 인내심으로 원고를 기다려준 최경호 차장이 없었다면 이 책은 나올 수 없었다.

살면서 신세 진 분들에게 감사드리며 이 책을 바친다.

2018년 1월
김환영

따뜻한 종교이야기

1 종교와 웃음

"마리아 막달레나가 그 사이에 시집가진 않았지?"

불경이든 그리스도교 성경이든 천도교의 『동경대전』『용담유사』
든 원불교의 『정전』『대종경』이든 모든 경전은 우리를 다양한 관점
과 해석의 세계로 초대한다. 예컨대 『논어』에 나오는 "내게 벗이 있
어 먼 곳에서 스스로 찾아온다면 또한 즐겁지 아니한가"^{有朋自遠方來}
^{不亦樂乎}라는 구절도 다양하게 해석할 수 있다.

가령 공자님이 '나도 벗이 있으면 참 좋겠다'는 외로운 심정을 토
로한 문장일 수 있다. 그 벗은 내가 불렀기 때문에 나에게 오는 벗
이거나 다른 일을 보러 오는 김에 나를 찾는 벗이 아니라 그저 내가
좋아 스스로 오는 벗이다. 내가 아무리 싫은 기색을 보여도 나를 너
무나 좋아해 찾아오는 벗인지도 모른다.

공자님은 제자는 많았으나 친구는 많지 않았다. 공자님 스스로 친
구가 먼 곳에 있기를 바랐는지도 모른다. 가까운 곳에 있으면 자주
보게 되고 자주 왕래하며 '뭉치다' 보면 공부에 방해가 된다. 공자님
이 인생을 바친 목표를 이루는 데 친교는 방해가 될 수 있다.

공자님뿐만 아니라 예수님·부처님 등 다른 성현도 그들의 친구에 대해서는 별로 알려진 게 없다. 세계 주요 종교의 경전을 보면 성현과 제자들이 나눈 대화가 중심을 이룬다. 어떤 상황이 벌어지면 그 의미에 대해 제자가 스승에게 질문한다. 그러면 스승은 명쾌한 대답으로 제자들이 찍소리 못하게 '제압'한다.

'스승의 그림자도 밟지 않는다'는 말이 있다. 스승은 근엄한 존재다. 세계적인 종교의 창시자는 존경을 넘어 경외의 대상이다. 교리가 확정되어 공식화된 다음에는 교리를 함부로 해석할 수 없다. 도그마를 옹호하는 신자들이 저항할 수 있기 때문이다.

부처님과 예수님은 '유머와 조크의 달인'이었다는 학계의 주장이 있다. 그런 말을 들으면 인지부조화^{cognitive dissonance}를 느낄 수 있다. 국어사전을 펼쳐보자. 우스개·익살·해학으로 순화할 수 있는 유머^{humor}는 "남을 웃기는 말이나 행동"이다. '농담·우스개'로 순화할 수 있는 조크^{joke}는 "실없이 장난으로 하는 말이나 익살"이다. 성현들이 '실없는' 사람들이었다는 말인가.

경전 대하는 '진지한' 태도도 유머 놓치게 해

자신이 믿는 종교를 위해서라면 기꺼이 목숨까지 바치는 사람들이 있다. 순교자를 배출하지 않는 종교는 없다. 영국 성직자·작가 찰스 콜턴^{Charles Colton, 1780~1832}은 "사람들은 종교를 위해 언쟁을 벌이고 글을 쓰고 싸우고 죽기까지 하지만 종교를 위해 '살지는' 않는다"고 말했다. 결사를 다짐하고 사는 사람들에게 "당신이 따르는 그는 '유머·조크의 달인'이었다"라고 말한다면 그들은 분노할지 모른다.

움베르토 에코^{Umberto Eco, 1932~2016}가 쓴 『장미의 이름』은 '수도사들이 큰 소리로 웃으면 안 된다'는 규칙 때문에 발생한 살인 사건을 배경으로 한다. 지금은 중세가 아니지만 21세기를 중세처럼 사는 사람들이 있다. 그게 꼭 나쁜 것은 아니며 그들에겐 그렇게 살 권리가 있다. 하지만 폭력은 절대 그들의 권리에 포함될 수 없다. 타인이 믿는 종교를 웃음거리로 삼는 것도 결코 바람직하지 않다. 이는 2015년 프랑스의 풍자 주간지 『샤를리 에브도』가 무함마드를 희화화^{戱畵化}했다는 이유로 벌어진 참극이 남긴 교훈이다.

종교 간 갈등 때문에 어느덧 웃음은 부담스러운 주제가 되어버렸다. 그렇지만 한 번쯤은 웃음과 종교의 관계가 무엇인지 생각해봐야 하지 않을까. 일상생활을 하는 데 웃음이 없다면 마치 큰 구멍이 뚫린 것 같을 것이다. 옛말에 "웃는 낯에 침 못 뱉는다" "웃는 집에 복이 있다"고 했다. 영어문화권에는 "웃음은 최고의 명약이다"^{Laughter is the best medicine}라는 말이 있다. 웃음은 보편적인 현상이다. mother-mom, mutti-mutter, mère-maman, 어머니-엄마 등 대다수 언어에서 엄마라는 말에 'm' 'ㅁ' 소리가 들어가듯이 '하하'^{ha ha}는 거의 모든 언어에서 웃음소리를 표기하는 단어다. 웃음을 표기하는 음운도 보편적이다.

하지만 웃음은 왠지 속^俗에만 속할 뿐 성^聖과는 무관한 것으로 느껴질 때가 있다. 물론 모든 종교문화권에는 종교생활을 둘러싼 우

어떤 종교에 대해 조크를 해도 그 종교가 개의치 않는다면
그 종교는 좋은 종교다.
·길버트 체스터턴

2015년 1월 프랑스 파리의 풍자 주간지『샤를리 에브도』
사무실에서 이슬람 극단주의자들이 테러를 일으켰다.
이 테러가 발생하자 사람들이 '나는 샤를리다'(Je suis Charlie)라는
구호를 내세우며 표현의 자유를 외치고 있다.

스갯소리가 있다. 예컨대 주일학교 선생님이 "예배 시간에는 왜 조용히 해야 하죠"라고 묻자 한 어린이가 "사람들이 자고 있으니까요"라고 대답했다. 재미있는 실화도 있다. 어느 기자가 교황 요한 23세[재위 1958~63]에게 "교황 성하, 바티칸에서는 몇 명이나 일을 합니까"라고 묻자 교황은 "아, 그들 가운데 절반 정도는 일을 할 겁니다"라고 답했다.

최근 성(聖)과 속(俗)과 웃음, 종교와 웃음의 관계를 연구하는 종교학자·종교사회학자들이 늘고 있다. 웃음이 종교의 핵심이라고 주장하는 학자도 있다. 종교문화 속에서 생성되는 우스갯소리도 연구 대상이 될 수 있겠지만, 그들은 일차적으로 경전 자체에서 웃음을 찾는다. 그들의 논리는 유머는 강력한 설득의 도구라는 것이다. 성현들이 대중에게 가르침을 설파할 때 유머와 조크를 적절히 구사하지 않았다면 그게 더 이상할 것이다.

하지만 불경이나 성경을 열심히 읽은 신자도 경전에서 유머와 조크를 읽고 웃었던 기억은 잘 나지 않을 것이다. 학자들은 경전을 대하는 우리의 '진지한' 태도가 유머를 놓치게 한다고 주장한다. 또 달라진 시대와 언어, 특히 번역에 문제가 있다고 지적한다.

성현들의 시대와 오늘날 사이에는 수천 년의 간격이 있다. 몇 년만에도 바뀌는 게 '웃음 코드'다. 전문가가 아닌 현대인이 성현 시대의 웃음 코드나 사회적 맥락을 알기 힘들다. 우리가 읽는 그리스도교의 신약성경은 그리스어로 문자화된 아람어[Aram語] 구어를 다시 우리말로 번역한 것이다. 영어 성경이든 중국어 성경이든 전달하는 메시지는 같다. 하지만 느낌은 다르다. 유머는 번역의 첫 번째 희생자가 될 확률이 높다. 원전의 언어 자체가 유머 친화적이지 않을 수도 있다. 부처님의 말을 최초로 기록한 팔리어^{Pali語}는 표현이 엄숙한 언어다.

우리말을 외국어로 옮길 때도 마찬가지다. "남이야 전봇대로 이를 쑤시건 말건" "남이야 뒷간에서 낚시질을 하건 말건" "남이야 지게 지고 제사를 지내건 말건." 이 속담들은 '남이야 무슨 짓을 하건 상관할 필요가 없음을 비유적으로 이르는 말'이다. 이러한 속담의 의미를 외국어로 옮길 수는 있겠지만, 여기에 담긴 유머까지 전달할 수 있을지는 의문이다.

웃음보다 미소를 유발하는 불교 유머

상대적으로 웃음 친화적인 종교와 그렇지 않은 종교가 있다. 같은 종교 내에서도 교단·교파에 따라 다르다. 예컨대 선불교 전통을 따르는 선승들의 일화에서는 유머를 흔히 발견할 수 있다. 그리스도교의 경우에는 오순절 교회나 흑인 교회가 청교도적인 교회보다 웃음과 친하다. 웃음만 두고 본다면 유대교가 1등이다. 『탈무드』에는 조크·유머가 많다. 미국 코미디언의 80퍼센트가 유대인이라고 한다. 유대인들이 '잘나가는' 이유가 혹시 웃음이 넘치는 종교문화 덕분은 아닐까 하는 생각도 든다.

티베트 불교 신자들도 잘 웃는 것으로 유명하다. 그 이유를 묻자 달라이 라마는 "사람은 웃을 때 더 쉽게 새로운 생각을 마음속으

씨알이 제 소리를 하는 것은 우리 속에 계신 '그이'
곧 전체가 소리를 내게 하기 위해서 하는 것입니다.
씨알은 믿음으로 전체를 부를 수 있습니다.
· 함석헌

웃음만 두고 본다면 유대교가 1등이다. 『탈무드』에는
조크·유머가 많다. 미국 코미디언의 80퍼센트가
유대인이라고 한다.

로 받아들일 수 있게 된다"고 답했다. 티베트에는 이런 말이 있다. "만약 두 철학자의 의견이 일치한다면, 둘 중 하나는 철학자가 아니다. 만약 두 성자의 의견이 불일치한다면, 둘 중 하나는 성자가 아니다." 티베트 불교를 비롯해 불교는 얼굴보다는 '머리'로 사람들을 웃게 한다.

불교의 유머는 웃음보다는 미소微笑를 유발한다. '웃다'의 뜻은 "기쁘거나 만족스럽거나 우스울 때 얼굴을 활짝 펴거나 소리를 내다"이다. '미소'는 "소리 없이 빙긋이 웃음"이다. 'laugh'와 'smile'의 차이이다.

염화미소拈華微笑가 대표적이다. 염화미소의 사전적 의미는 "말로 통하지 아니하고 마음에서 마음으로 전하는 일. 석가모니가 영산회靈山會에서 연꽃 한 송이를 대중에게 보이자 마하가섭만이 그 뜻을 깨닫고 미소 지으므로 그에게 불교의 진리를 주었다고 하는 데서 유래한다"는 것이다.

부처님은 생로병사生老病死, 즉 "사람이 나고 늙고 병들고 죽는 네 가지 고통"의 문제를 해결하기 위해 출가했다. 생로병사 각각은 모두 웃음을 사라지게 하는 엄중한 문제다.

하지만 부처님도 유머를 썼다. '십사무기'十四無記, 붓다가 대답하지 않고 침묵한 열네 가지 무의미한 질문와 가장 밀접한 『전유경』箭喻經에 좋은 사례가 나온다.

어떤 사람이 독 묻은 화살을 맞았다. 화살을 처리해야 했다. 하지만 화살을 맞은 사람은 아직 화살을 뽑아서는 안 된다고 했다. 먼저 알아야 할 게 있다는 것이다. 화살을 쏜 사람의 성과 이름은 무엇인지, 귀족인지 사제인지 상인인지 노동자인지, 키가 큰지 보통인지 작은지, 피부색은 어떤지, 시골 사람인지 도시 사람인지…. 그는 잘 못하면 곧 죽을 처지였지만 활의 재질에 대해서도 궁금해했다. 활을 뽕나무로 만들었는지 대나무로 만들었는지, 화살깃이 매 털인지 독수리 털인지 닭 털인지…. 이 이야기의 교훈은 영원히 결판나지 않을 형이상학적인 문제로 고심하지 말고 '독화살'은 뽑아내고 불법佛法을 따르라는 것이다.

이 비유는 우리나라 1970년대 고전 코미디와도 통한다. 귀한 자식이 오래 살기를 바라는 부모의 마음에서 자식 이름을 '김수한무 거북이와두루미 삼천갑자동방삭 치치카포 사리사리센타 워리워리 세브리캉 무드셀라 구름이 허리케인 담벼락 서생원에 고양이 바둑이는 돌돌이'로 지었다. 그런데 그들은 자식이 우물에 빠졌는데도 구하지는 않고 자식의 이름을 처음부터 끝까지 부르는 데 시간을 허비한다. 불경과 메시지가 같다. 우선 '목숨'을 살려야 한다.

학자들은 부처님이 세련되고 절묘한 동음이의어同音異義語 말장난 pun도 구사했다고 분석한다. 브라만Brahman, 인도 카스트 제도에서 가장 높은 지위인 승려 계급의 믿음을 비판하기 위해서였다.

예수님 또한 웃음을 자아내는 반어법·과장법을 사용하면서 기득권층을 비판했다. (예수님이 사용하신 아람어 자체가 과장법을 많이 쓴다.) "내가 다시 말하지만 부자가 하나님의 나라에 들어가는 것보다 낙타가 바늘귀를 통과하는 것이 더 쉽다"「마태복음」 제19장 제24절. 어느 시대나 부자는 그리 인기가 없다. 이 말을 들은 청중은 속이 다 시원했을지 모른다. "너를 고소하여 속옷을 빼앗고자 하는 사람에게는 겉옷까지 주어라" 「마태복음」 제5장 제40절도 박장대소하게 만들었을 것이다. 겉옷과 속옷을 다 주고 나면 알몸이 되기 때문이다.

반어법·과장법 통해 기득권층 비판한 예수님

예수님 스스로는 어땠을까. 성경에 예수님이 울었다는 이야기는 나오지만 웃었다는 말은 없다. 실제로 전혀 웃지 않았을 수도 있다. 하지만 성경에는 예수님이 키가 컸는지 작았는지, 체형이 날씬했는지 뚱뚱했는지에 대해서도 전혀 나와 있지 않다. 성경을 기록한 자들에게 그런 문제들은 중요하지 않았다.

불교의 생로병사와 마찬가지로 그리스도교의 중심인 예수님의 수난과 죽음과 부활도 무거운 주제다. 하지만 그리스도교에서 웃음을 뺄 수는 없다. 개신교의 주요 문헌 가운데 하나인 「웨스트민스터 소요리문답」은 인생의 목적에 대해 "사람의 첫째 되는 목적은 무엇인가?"라고 묻고 다음과 같이 대답한다.

"사람의 첫째 되는 목적은 하나님을 영화롭게 하는 것과 영원히 그를 즐거워하는 것이다" The chief end of man is to glorify God and enjoy him forever. 영어 원문에서는 'enjoy'라는 단어를 사용한다. 신을 '엔조이' 한다, 신을 즐긴다고 했을 때 웃음이 빠질 수 있을까. 「데살로니가전서」 제1장에서 바울은 "항상 기뻐하십시오"라고 말한다. 기쁠 때 웃지 않을 수 있을까.

> 과학은 종교를 정화한다. 오류와 미신을 덜어낸다.
> 종교도 과학을 정화할 수 있다.
> 우상과 절대적이라고 잘못 알려진 것들을 솎아낸다.
> · 교황 요한 바오로 2세

과격 이슬람주의^{Islamism}와 이슬람^{Islam}을 혼동하기 쉽기 때문에, 사실 이슬람 자체는 평화와 웃음의 종교라는 것을 망각하기 쉽다. 선지자 무함마드는 잘 웃었다고 하는데, 보통은 빙그레 웃는 정도였겠지만, '이빨이 보이도록 웃었다'는 기록도 있다. 이런 일화가 있다. 언젠가 어떤 할머니가 무함마드를 찾아와 낙원에 들어가고 싶다고 말했다. 무함마드는 "늙은 여자는 낙원에 들어가지 못합니다"라고 답했다. 할머니가 울면서 돌아가려고 하자 무함마드가 덧붙였다. "늙은 여자는 낙원에 들어가기 전에 젊은 여자가 됩니다."

그렇다면 '종교적인 유머'는 어떻게 구사할 것인가. 우리 속담 중에 "웃느라 한 말에 초상난다"는 말이 있다. 이런 일을 미연에 방지하기 위해 이슬람에서 말하는 조크의 원칙을 참조할 만하다. '조크로 그 누구도 모욕하지 말 것' '지나치게 웃지 말 것.'

다음과 같은 조크는 대상과 맥락을 잘 선택해야 한다.

· 신은 나르시시스트다. 「창세기」 제1장에 "하나님이 보시기에 좋았다"가 반복되는 것을 보면.
· 예수님이 부활한 후 제자들에게 나타나 물었다. "마리아 막달레나가 그 사이에 시집가지는 않았지?"

자신이 없다면 아예 웃음을 빼는 게 좋을지도 모른다. 개인의 스타일을 존중해야 한다. 동서고금의 수많은 성인이 웃음 없이도 경지에 이르렀다.

2 지혜문학서 「욥기」

중동 설화 바탕으로 개작됐을 가능성 커

불교신자였던 애플 창업자 스티브 잡스^{Steve Jobs, 1955~2011}는 『선심초심』_{禪心初心, Zen Mind, Beginner's Mind, 1970}을 애독했다. 『선심초심』의 저자 스즈키 순류_{鈴木俊隆, 1904~71} 선사에게 어느 날 한 제자가 울먹이면서 물었다. "세상에는 왜 이토록 고통이 많은가." 스즈키 선사는 "이유가 없다"라고 대답했다. 사실 불교의 일차적인 관심은 고통의 궁극적인 원인이 아니라 고통을 시급하게 없애는 것이다.

그리스도교에서는 고통의 원인도 중요한 문제다. 이들은 신을 전지전능한 존재로 인식하기 때문이다. 의문이 꼬리를 문다. 신이 전지전능하다면 세상에 존재하는 고통과 악_惡과 부정의_{不正義}는 어디에서 나온 것일까. 신은 전지전능하지만 전적으로 착하지는 않다는 말인가.

다음 네 종류의 사람 가운데 많은 순서대로 1~4위를 매긴다면 어떻게 될까. ① 부귀영화를 누리는 착한 사람, ② 고통받는 나쁜 사람, ③ 고통받는 착한 사람, ④ 부귀영화를 누리는 악한 사람. 수의 많고

적음을 떠나 ①과 ②의 유형은 문제가 되지 않는다. ③과 ④의 유형이 있다는 것은 뭔가 이상하다. 그리스도교 구약성경^{유대교의 히브리성경}의 「욥기」^{The Book of Job}는 이 문제를 다룬다. 「욥기」는 세계문학의 걸작으로도 손꼽히는데 이는 「잠언」 「전도서」 「지혜서」와 더불어 구약성경의 '지혜문학서'^{The Wisdom Books}를 구성한다. 만만해 보이기도 하지만, 일면 지극히 난해하며 수많은 상충되는 해석이 끊임없는 논란을 낳기도 한다. 신비롭고 수수께끼 같은 텍스트다. 아우구스티누스^{Augustinus, 354~430}처럼 「욥기」에서 일종의 예수의 예고편을 발견하는 해석도 있다.

성경의 다른 부분은 신과 이스라엘 민족 사이의 계약이라는 공동체 차원이 이야기의 핵심 줄거리다. 반면 「욥기」는 공동체 차원이 아니라 신과 인간 개인의 관계에 주목한다.

좀 '삐딱한' 책이기도 하다. 「욥기」가 어떻게 정경^{正經, Canon}에 포함될 수 있었는지 의아하게 생각하는 학자가 많다. 심지어 영국 작가 버지니아 울프^{Virginia Woolf, 1882~1941}는 「욥기」를 읽고 이렇게 일기에 기록했다.

"지난밤 「욥기」를 읽었다. 신이 그다지 훌륭한 모습으로 이 이야기에서 빠져 나왔다는 생각이 들지 않는다."

반면 「욥기」가 '영적인 변화'를 부르는 책이라는 경험담도 많다. 집필 시기에 대해서는 기원전 3~5세기, 기원전 5~7세기 등 여러 가지 설이 있다. 교부^{教父} 가운데 한 사람인 에우세비우스^{Eusebius, 263~339}는 「욥기」에 나타난 언어와 풍습, 사건을 근거로 기원전 1800년경에 쓰

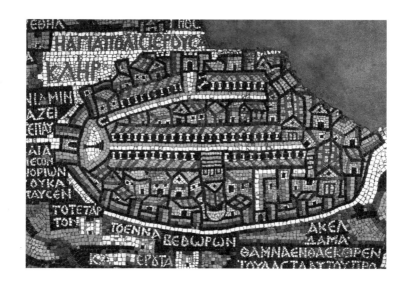

'마다마 모자이크 지도' 속 예루살렘.
요르단의 수도 암만에서 남쪽으로 30킬로미터 떨어진
마다바 마을의 한 교회에서 발견된 지도로
4~7세기경 제작되었다.
당시 예루살렘과 주변 지형을 잘 보여준다.

였다고 주장했다. 성경 가운데 아마도 최초로 기록된 문헌일 것이다. 모세가 등장하기도 전의 시대를 배경으로 하고 있으며 굉장히 오래된 중동 설화를 바탕으로 개작됐을 가능성이 높다.

고정관념을 깰 것을 요구하는 책이기도 하다. 욥은 '신이 준 시련을 묵묵히 이겨낸 신앙의 승리자'라는 식으로 이미 주어진 해석을 무시하고 읽으면 새로운 게 많이 보인다. 또한 하늘은 큰 임무를 맡길 인물에게 시련을 주어 그 사람을 혹독하게 훈련시킨다는 『맹자』의 내용과 「욥기」가 일맥상통한다는 주장도 잠시 접어둘 필요가 있다.

「욥기」의 배경은 메소포타미아 남쪽, 아라비아 북쪽에 있는 우즈다. 주인공은 욥이다. 욥은 『코란』에 나오는 예언자 25명 중 한 사람으로 3대 일신교가 매우 중시하는 인물이다. 그는 법 없이도 살 수 있는 선한 사람이며 신이 보기에도 흠이라고는 찾아볼 수 없는 인간이다. 욥은 새벽에 일찍 일어나 신에게 제물을 바쳤다.

신은 완벽한 인간의 표상인 욥에게 아름다운 아내와 양 7,000마리, 낙타 3,000마리 등 많은 재산을 줬다. 따라서 그는 그 시대 동방의 최고 '재벌'이었다. 우유로 발을 씻었고 친지들과 매일매일 모여 파티를 했다. 하지만 이웃도 사랑했다. 욥은 가난한 사람을 도왔다. 당시 지배적인 세계관은 상선벌악^{賞善罰惡}이다. 가톨릭교회에서는 오늘날에도 상선벌악이 핵심 교리다. 표준국어대사전에서는 상선벌악을 "착한 사람에게 상을 주고 악한 사람에게 벌을 주는 일. 가톨릭교의 네 가지 기본 교리 가운데 하나"라고 정의한다.

상선벌악은 「신명기」^{申命記} 테제'Deuteronomic thesis 라고도 불린다. 신명기는 구약성경의 다섯 번째 부분이다. 상선벌악의 또 다른 이름은 '응보적 정의'retributive justice 다. 「욥기」의 저자는 이 테제에 대한 도전을 어떻게 내러티브narrative 로 형상화했을까.

「욥기」에 따르면 신과 천상의 영적 존재들은 정기적으로 일종의 '어전회의'御前會議를 개최했다(어떤 학자들은 이를 유대교에서 발견되는 다신교의 흔적이라고 주장한다). 회의 중 사탄이 신에게 내기를 건다. 신이 욥에게 잘해주기 때문에 욥이 신에게 충성을 다한다는 것이다. 욥이 불행해지면 신을 욕할 것이라고 주장했다.

당시만 해도 사탄은 그렇게까지 '나쁜 놈'이 아니었다. 사탄 또한 일종의 검사·집행관 역할을 맡은 어엿한 천사로 적수敵手, adversary 나 고소인accuser 으로 이해됐다. 그 시대의 미 중앙정보국CIA 요원이라는 비유도 있다. 사탄의 업무 중 하나는 인간 세상을 돌아다니고 나서 신에게 보고하는 것이었다.

신은 사탄의 내기에 동의한다. 목숨을 빼앗는 것을 제외하고는 얼마든지 욥에게 고통을 줄 수 있게 허락한다. 욥의 집안은 풍비박산이 났다. 자식들이 다 죽고 그 많던 재산도 사라진다. 욥의 아내까지도 욥에게 "신을 욕하고 죽으시오"라고 다그친다.

신에 대한 욥의 믿음은 변하지 않았다. 하지만 그는 불평하고 분노한다. 신을 욕하지는 않지만 "모태에서 무덤으로 바로 갔다면 좋았을 것을"이라며 자신이 태어난 날을 저주했다. 그는 신에게 정의를 묻고 "어차피 그의 손에 죽을 몸, 아무 바랄 것도 없지만 나의 걸

성인과 죄인 사이의 유일한 차이는
모든 성인에게는 과거가 있고
모든 죄인에게는 미래가 있다는 점이다.
· 오스카 와일드

어온 발자취를 그의 앞에 낱낱이 밝히리라"며 매우 당당하게 신과 맞선다. 그는 신에게 친견親見을 요구한다. 일부 언어학자는 욥이 '아버지는 어디에 있는가'의 약자라고 해석한다. 유대교·그리스도교·이슬람교에 따르면 신은 인류의 아버지다. 욥은 인류가 고통받을 때 아버지 신은 어디 있었는지 물으며 '신의 침묵'에 이의를 제기한다.

신정론神正論·theodicy 핵심 문헌

위로한답시고 친구 셋이 와서 욥을 다그친다. '잘 생각해봐라. 네가 죄를 숨기고 있는 게 아니냐'는 식이다. 친구들이 보기에는 상선벌악은 절대 틀릴 수 없다. 그들은 욥에게 죄를 자백하고 회개할 것을 요구한다. 이에 대해 욥은 "나는 죽을 때까지 결코 내 뜻을 굽히지 않겠다. 나에게는 잘못이 하나도 없다. 내가 죄 없다는 주장을 굽힐 성싶은가"라며 자신의 무죄를 주장한다.

드디어 신이 등장한다. 신은 폭풍 속에서 말한다. 구약과 신약을 통틀어 가장 길게 이야기한 부분이다. 연설의 요지는 창조의 과정이나 우주가 움직이는 원리에는 '인간이 모르는 게 있다'는 것이다. 신만이 아는 뭔가가 있다. 신은 우주를 완벽히 통제한다. 세상과 우주에 대한 신의 주권主權, sovereignty은 흔들림이 없다.

하지만 「욥기」의 신은 정의에 대해 별다른 설명을 하지 않는다. 신약성경에서 예수가 "진리란 무엇인가"라고 묻는 빌라도 총독의 질문에 침묵한 것처럼, 구약성경의 신도 "악한 자들이 오래 살며 늙

신앙으로 아주 작은 일을 할 수 있을 뿐이다.
하지만 신앙 없이는 아무 일도 할 수 없다.
·새뮤얼 버틀러

제임스 블레이크, 「욥을 위로하는 자들」, 1825.
1825년 출간된 블레이크의 삽화집 『욥기』에 포함된 그림으로
『욥기』 제2장 제12절("눈을 들어 멀리 보매
그가 욥인 줄 알기 어렵게 되었으므로 그들이 일제히
소리 질러 울며 각각 자기의 겉옷을 찢고 하늘을 향하여
티끌을 날려 자기 머리에 뿌리고")을 표현했다.

을수록 점점 더 건강하니 어찌된 일인가"라며 "정의란 무엇인가"를 묻는 욥에게 답하지 않는다. 이상하게도 욥은 "아, 제 입이 너무 가벼웠습니다"라며 허탈할 정도로 쉽게 신의 주장에 수긍한다. 너무 쉽게 '깨갱'한다. 많은 학자는 별로 '설득력 없는' 신의 연설에 욥이 승복한 것이 이상하다고 주장한다.

왜일까. 어쩌면 욥이 신을 만났기 때문일 것이다. 신은 인간에게 모든 답을 주지는 않는다. 만남이 답이다. 신과 만나면 논리가 필요 없다. 13세기 스콜라 철학자 토마스 아퀴나스Thomas Aquinas, 1224/25~74도 그런 경우다. 그는 철학과 신앙을 융합해 방대한 신학 이론 체계를 수립했지만 어느 날 신을 체험했다. 자신이 죽으면 『신학대전』 등의 저작을 불태우라고 했다. 그러나 사람들은 그의 요구를 무시했다.

「욥기」에 나오는 신의 연설을 2,500년 전이나 1,000년 전 사람들은 어떻게 받아들였을까. 세속주의·자유신학·무신론의 영향권에 있는 요즘 사람들과는 달리 매우 흡족했을 것이다. 요즘 사람들은 냉담한 반응을 보이거나 불만족을 느낄 수 있다.

「욥기」는 신정론神正論, theodicy의 핵심 문헌이다. 표준국어대사전은 '신정론'을 다음과 같이 풀이한다. "신은 악이나 화를 좋은 목적을 위한 수단으로 인정하고 있으므로 신은 바르고 의로운 것이라는 이론. 이 세상에 악이나 화가 존재한다는 이유를 들어 신의 존재를 부인하려는 이론에 대응하여 생긴 것이다." 하지만 현대의 많은 신앙인과 비신앙인은 「욥기」가 신을 충분히 변론하고 있지 못한다고 파악한다.

또 이상하게도 「욥기」의 신은 당시의 정통orthodox 견해를 이야기한 욥의 세 친구 손을 들어주지 않고 오히려 욥의 손을 들어준다. 욥이 한 말은 다 옳다는 것이다. 신은 특히 친구들이 욥처럼 솔직하지 못했다고 꾸짖는다. 신은 욥을 전보다 두 배 더 부자로 만들어준다. 욥은 아들 일곱, 딸 셋을 새로 낳았는데, 딸들은 세계 최고의 미인이었다. 140년을 더 살며 사대에 이르는 자손들을 봤다. 결국 상선벌악의 원칙이 복원된 것이다.

「욥기」에 나타난 상선벌악의 핵심은 물질적인 축복이다. 신이 주는 상은 평화를 사랑하는 마음이라든가 정의감 같은 게 아니다. 물론 그런 것도 포함되겠지만 물질이 중요하다. 「욥기」의 배경은 매우 '현실주의적'인 신앙이었던 것이다. 이러한 측면에서 우리는 서구의 그리스도교가 우리나라에 들어와 샤머니즘과 결합해 기복신앙으로 변질됐다는 비판에 문제를 제기할 수 있다. 일리가 있는지 모르지만, 성경 자체에 기복신앙적인 흐름이 있다는 것을 간과할 수 없다.

고대와 근대에서 가장 위대한 시

영국 시인 앨프리드 테니슨Alfred Tennyson, 1809~92은 「욥기」를 "고대와 근대에서 가장 위대한 시"라고 주장했다. 그렇다. 「욥기」에는 근대성도 있다. 시공을 초월한다. 「욥기」의 배경은 그때나 지금이나 신앙의 위기다. 신앙의 위기는 대부분 사회적 위기와 맞물려 발생한다. 위기는 '정의란 있는가'를 묻는다. 오늘날은 청년실업과 노

후파산으로 상징되는 시대다. 부모 말에 따라 열심히 공부했는데도 이른바 캥거루족 신세를 면치 못한다. 열심히 자식을 키웠으나 노년에 자신을 기다리고 있는 것은, 극단적인 경우 고독사다.

「욥기」는 끊임없이 재해석된다. 서구 역사에서 「욥기」에 대한 인식은 신학·성경학·무신론과 병행해 발전했다. 학자들의 연구는 여러 가지 흥미로운 사실을 드러낸다. 욥은 유대인이 아닐 확률이 높다. 그는 아마도 '신을 두려워하는 이교도'God-fearing pagan였다. 욥뿐만 아니라 그의 세 친구의 이름도 유대 이름이 아니다.

「욥기」의 신학에서 천국과 지옥은 없다. 죽으면 끝이다. 욥이 알고 있는 사후세계는 "낮은 자와 높은 자의 구별이 없고 종들이 주인의 손아귀에서 풀려나는 곳"이었다.

「욥기」에서 어떤 교훈을 찾을 수 있을까. 부귀영화와 선악 사이에는 완벽한 인과관계가 없다는 것이다. 부귀영화를 누리거나 못살고 고통받는 것은 자업자득 문제가 아닌 경우가 많다. 게으르고 뭔가 나쁜 짓을 하기 때문에 못살고 불행한 게 아니다.

「욥기」는 겸손을 요구한다. 부귀영화를 누리는 사람은 '내가 잘나서 그렇다'거나 '신의 은총을 받았다'는 식으로 교만한 생각을 하기 쉽다. 「욥기」는 내 행복이나 성공이 물거품 같다는 것을 보여준다. 2014년 한학자 성백효는 서울대학교 졸업식 연사로 나서 "주역周易의 64괘 가운데 모두가 길한 것은 오직 겸괘謙卦뿐으로 이는 겸손함을 말한다"고 말했다. 다른 63괘에는 모두 길흉이 공존한다. 오직 겸괘만이 온전히 길하다.

우리에겐 서로 미워할 만큼의 종교는 있으나
서로 사랑할 만큼의 종교는 없다.
·조너선 스위프트

종교가 모든 답을 주지는 않는다는 것을 「욥기」가 예시한다. 모든 종교에는 '신앙의 신비'가 있다. 이해가 안 되는 교리^{敎理}도 있다. 그런 경우 어떻게 해야 할까. 학창 시절에 들은 "이해가 안 되면 그냥 외워"라는 말이 생각나기도 한다. 닥치고 믿으면 되는 것일까.

꼭 그런 것은 아니다. 「욥기」는 그리스도교 문헌이기 이전에 유대교 문헌이었다. 「욥기」가 알려주는 것은 유대인들이 신의 부당함에 이의를 제기했다는 것이다. 전혀 신성모독이 아니다. 유대인들에게는 고대부터 그야말로 성역^{聖域} 없는 토론문화가 있었다. 노벨과 학상 수상자 같은 석학들뿐만 아니라 심지어는 신에게도 따질 것은 따져야 한다는 게 예나 지금이나 유대 문화의 핵심이다.

세계 금융계·학술계를 '지배한다'고까지는 아니더라도 두각을 나타내고 있는 유대인의 정신을 이해하기 위해 필요한 첫 단추는 「욥기」를 읽는 것이다. 사실 성경의 저자들은 저마다 생각이 달랐다. 구약성경과 신약성경의 '편집국장·편집인'들은 다양한 의견을 최대한 소화하면서도 통일성을 잃지 않으려고 노력했다.

무신론자에게는 「욥기」가 제기하는 문제는 문제로서 아예 성립조차 하지 않는다. 신은 없기 때문이다. 어쩌면 그게 가장 간단한 답이다. 그렇다면 신을 믿는 상황에서는 「욥기」를 궁극적으로 어떻게 해석해야 할까. 기원전 5세기 아테네의 시인 아가톤은 "신도 과거는 바꿀 수 없다"라고 했다. 신이 있다면, 그리고 신이 전지전능하다면, 인류의 고통스러운 과거와 현재까지도 없애고 새롭게 바꿀 수 있지 않을까.

중생 위해 스스로 강등, 낮은 곳으로

불자가 아닌 일반인이나 다른 종교를 믿는 사람들도 불교와 조우遭遇하기 마련이다. 누구에게나 몇 가지 경험에서 오는 기억의 파편들이 꼭 있다. 흥미롭게도 석가모니불釋迦牟尼佛이 아니라 관세음보살과 관련된 것들이다. 몇 가지 예를 들어보자.

'나무아미타불 관세음보살'南無阿彌陀佛 觀世音菩薩은 '아미타불과 관세음보살에게 돌아가 의지하자'는 뜻이다. 드라마「태조왕건」에 등장해 유명해진 진언眞言 '옴 마니 반메 훔'도 내력이 관세음보살이다.『천수경』千手經에 나오는 진언이다.

손오공이 주인공인『서유기』에서 가장 많이 등장하는 불교적 존재도 관세음보살이다. 임권택 감독의 영화「아제 아제 바라아제」는 오로지 관세음보살에게 바쳐진, 한자로는 260자로 된『반야심경』般若心經의 마지막 말 '아제 아제 바라아제 바라승아제 모지 사바하'가자 가자 피안으로 피안으로 아주 가자 영원한 깨달음으로에서 따왔다. '색즉시공 공즉시색' 色卽是空 空卽是色, 물질적 형상의 세계는 곧 텅 빈 본질세계이며, 텅 빈 본질

세계는 곧 물질적 형상의 세계다, Form is emptiness; emptiness is form도 그 출처는 『반야심경』이다. 참고로 표준국어대사전은 색즉시공을 "현실의 물질적 존재는 모두 인연에 따라 만들어진 것으로서 불변하는 고유의 존재성이 없음을 이르는 말"로, 공즉시색을 "본성인 공空이 바로 색色, 즉 만물萬物이라는 말. 만물의 본성인 공이 연속적인 인연을 통해 임시로 다양한 만물로서 존재한다는 것"으로 정의한다.

세상 속 관세음보살의 발자취는 끝이 없는 것 같다. 티베트 지도자 달라이 라마는 관세음보살의 현신現身이다. 카메라로 유명한 캐논Canon 또한 관세음보살을 줄인 표현 관음觀音에서 나왔다.

그렇다면 관세음보살은 누구인가. 보살菩薩이다. 여자 신도信徒나 고승高僧을 높여 이르는 말이기도 하지만 원래 뜻을 살펴보면, 보살은 위로는 불교의 지혜를 구하고 아래로는 중생을 제도提導하는 존재다.

관세음은 또 무엇인가. '세상의 소리, 특히 고통에서 나오는 울부짖음을 듣는 존재'다. 그는 열반涅槃에 들 수도 있었으나 모든 살아 있는 무리의 신음을 듣고 모든 고통이 사라지기 전까지는 열반을 연기하고 세상에 남아 있기로 결단한다.

간절하고 진실된 마음으로 관세음보살을 찾으면 그는 반드시 온다. 위급할 때 이름을 부르기만 해도 나타난다. 길 잃은 사람, 가난한 사람, 환난에 빠진 사람, 불행한 사람, 아픈 사람, 노환으로 고통받는 사람, 여행 중인 사람, 침몰하는 난파선에 탄 사람, 강도를 만난 사람, 농부, 뱃사람 할 것 없이 관세음보살은 도움과 구원의 손길

중국 송나라 시대의 관세음보살상.
관세음보살은 누구인가.
보살은 위로는 불교의 지혜를 구하고
아래로는 중생을 제도하는 존재다.

을 내민다. 자연재해나 인재뿐만 아니라 짐승, 심지어는 귀신에게서도 사람들을 구한다.

요즘 유행하는 외래어로는 '힐링'healing의 아이콘이다. 관세음보살은 특히 여성·어린이·상인·뱃사람·장인匠人·죄수의 보호자다. 서양식으로 말하면 관세음보살은 수호천사다.

착한 사람이든 나쁜 사람이든 학식이 깊든 얕든 가리지 않는다. 자식이나 재물 같은 복도 나눠준다. 관세음보살은 "아기를 점지하고 산모와 산아産兒를 돌보는 세 신령"인 삼신三神할머니 역할도 한다. 특히 중국에서는 시집간 딸이 자식을 낳지 못하면 관세음보살을 찾는다. 전통사회에서 사람들은 대부분 아들을 원했지만, 딸을 바라는 경우에 관세음보살은 아주 예쁜 딸을 점지해준다.

『관음삼매경』觀音三昧境에 따르면 관세음보살은 석가모니의 '선배' 부처다. 관세음보살은 석가보다 먼저 부처가 된 정법명왕여래正法明王如來라는 것이다. 석가모니의 전생에서 스승이었다. 중생을 구제하기 위해 스스로 부처에서 보살이 됐다. 대의를 위해 스스로 '강등'돼 낮은 곳으로 임했다.

기도는 "인간보다 능력이 뛰어나다고 생각하는 어떠한 절대적 존재에게 빎"을 뜻한다. 기도가 없는 종교는 없다. 기도는 길게 할 수도 있고 짧게 할 수도 있다. 예수님의 경우에는 짧은 기도를 선호했다. '주님의 기도'를 제자들에게 가르쳤다. 그리스어로는 57단어, 라틴어로는 49단어다. 우리말 기준으로 38단어다.

더 짧게 할 수도 있다. 가톨릭 전통에는 '화살기도'oratio jaculatoria가 있다. 『가톨릭대사전』은 화살기도를 다음과 같이 정의한다. "아무 때나 순간적으로 하느님을 생각하면서 마치 자녀가 부모에게 매달리듯 그때그때 느껴지는 정情과 원의願意대로 간단하게 바치는 기도를 말한다. 화살처럼 직통으로 하느님께 간다고 해서 '화살기도'란 이름이 붙었다. 예를 든다면 '예수, 마리아여!' '하느님, 나를 도우소서' '내 주主시오, 내 천주로소이다' '지극히 거룩한 예수 성심이여, 내 마음을 네 마음과 같게 하소서!' 등이다."

6세기 이후 중국 모든 사찰에서 숭배

불교의 진언은 화살기도와 비슷한 기능을 한다. '옴 마니 반메 훔'이 그렇다. 무슨 뜻일까. "옴, 연꽃 속에 있는 보석이여, 훔"을 뜻한다. 6음절에 불과하지만 막강한 힘이 있다. 이 진언을 발설하면 관세음보살이 불행으로부터 지켜준다. 성불할 수도 있다. '옴'은 인도에서 출발한 종교에서 신성한 소리다. '마니'는 보석, 구슬이다. '반메'(파드메가 좀더 정확한 발음이다)는 연꽃이다. 연꽃은 불교에서 신성시되는 꽃이다. '훔'은 깨달음의 정신을 표상한다.

관세음보살은 비교종교학적으로 아주 흥미로운 주제다. 흔히 그리스도교는 구원의 종교, 불교는 깨달음의 종교라고 말한다. 불교는 자력신앙, 그리스도교는 타력신앙이라고 하는가 하면, 그리스도교는 사랑, 불교는 자비라고도 한다. 이러한 이분법은 나름 유용하다. 하지만 이분법을 넘어서는 무엇인가가 존재한다. 불교에 있는 것은 그리스도교에도 있고, 마찬가지로 그리스도교에 있는 것은 불교에

쾌락은 죄다.
그리고 어떤 때는 죄가 쾌락이다.
·조지 바이런

도 있다. 강조의 정도가 다를 뿐이다. 불교의 대자대비大慈大悲에는 사랑이 포함된다. 대자대비의 정의는 다음과 같다. "넓고 커서 끝이 없는 부처와 보살의 자비. 특히 관세음보살이 중생을 사랑하고 불쌍히 여기는 마음을 이른다."

구세주救世主는 그리스도교뿐만 아니라 불교에서도 사용하는 용어다. 석가모니불과 관세음보살 사이에는 일종의 '분업'을 발견할 수 있다. 석가모니불은 창조주나 신에 대해 '무관심'했다. 관세음보살을 둘러싼 전통은 창조주·신의 개념을 포섭한다. 관세음보살과 불교 이전의 인도 종교는 어떤 관계일까.

불법 전파 위해 여성의 모습으로 등장

브라만교에는 세 주신主神이 있다. 시바는 "파괴와 생식의 신으로, 팔과 얼굴이 각각 네 개씩 그리고 과거·현재·미래를 투시하는 눈이 세 개" 있다. 비슈누는 "세계의 질서를 유지하는 신"이다. 브라흐마는 "창조를 주재하는 신"이다. 관세음보살의 눈에서 해와 달이, 이마에서 시바가, 어깨에서 브라흐마가 나왔다는 놀라운 주장을 한다.

모든 종교는 보수성·진보성, 혁명성·반동성, 개인적인 기복 신앙, 기복을 초월하는 인류 보편의 가치를 추구하는 신앙이 공존하는 현장이다. 양성평등은 21세기에도 혁신적·진보적인 가치다. 관세음보살 신앙은 양성평등을 뛰어넘는다. 관세음보살 신앙 전파의 역사를 보면 알 수 있다.

관세음보살 신앙은 인도에서 3~7세기에 전성기를 구가했다. 인도 불교에서 관세음보살은 아왈로키테슈와라^Avalokiteshvara로 불렸다. 관세음보살 신앙은 중국으로 1~3세기에 전래됐다. 6세기가 되면 중국의 거의 모든 사찰에서 관음상을 모셨다.

인도에서 아왈로키테슈와라는 '남성'이었다. 중국에서도 초기에는 '남성'이었다. 그는 콧수염과 턱수염이 있는 젊은이 모습으로 형상화됐다. 그러나 8세기부터 '여성'의 모습으로 등장하기 시작한다. 10세기까지도 주로 '남성'으로 표현됐으나, 송나라^960~1279를 거치면서 '여성'으로 형상화되는 비율이 더 높아졌다. 12세기부터는 거의 '여성'이 주류가 됐다. 양성兩性이나 중성中性으로 볼 수도 있다.

왜 관세음보살은 '여성화'됐을까. 관세음보살 신앙에 대한 최초의 문헌인 『법화경』法華經의 영향을 받았기 때문일 수도 있다. 『법화경』은 지극히 혁명적인 문헌이다. 『법화경』은 누구나 득도得度할 수 있다고 가르친다. 여성·동물뿐만 아니라 극악무도한 살인자까지도.

400년경 중국어로 번역된 『법화경』의 지지자들은 『법화경』이 석가세존釋迦世尊의 궁극적이며 완전한, 그의 지상에서 마지막 몇 년의 가르침을 기록했다고 주장한다. 이처럼 『법화경』의 제25장인 「관세음보살보문품」觀世音菩薩普門品은 「관세음경」觀世音經으로 불리는데, 「관세음경」에서 관세음보살은 무수히 많은 모습으로 세상에 나타난다.

불법을 퍼뜨리기 위해 관세음보살은 어린이·어른, 사람·동물, 특히 여성의 모습으로 등장한다. 『법화경』은 관세음보살을 '여성'으로 이해할 '명분'을 제공했다.

국제적인 차원과 국내적인 차원도 있다. 관세음보살 신앙의 전래 통로인 중국의 북서 지방은 실크로드의 길목, 즉 문화와 신앙의 용광로였다. 이곳에서는 네스토리우스파 그리스도교경교^{景敎}·마니교·조로아스터교·이슬람교·불교·도교·샤머니즘이 경쟁했다. 특히 경교는 성모자상^{聖母子像}, 즉 예수를 안고 있는 마리아상을 중시했다. 습합^{褶合}이 활발했다. 습합은 "철학이나 종교 따위에서, 서로 다른 학설이나 교리를 절충함"을 뜻한다. 습합과 전혀 무관한 종교는 없다.

국내 차원에서 불교는 여신이 있는 도교와 경쟁해야 했다. 도교와 경쟁관계였던 불교가 경교 성모자상의 영향 아래 관음신앙을 발전시켰다고 해석할 수 있다. 관세음보살은 16세기부터 중국의 주요 여신이었고 현재는 중국의 '국가 여신'이라고 해도 지나치지 않다.

관세음신앙은 분열이 아니라 화합을 지향한다. 분파주의를 초월한다. 관세음신앙은 동아시아에서 유교의 효^孝 사상, 불로장생을 추구하는 도교와 공존했다. 북방과 남방으로 퍼져나간 불교의 공통분모이기도 하다. 한·중·일 삼국, 티베트뿐만 아니라 상좌부^{上座部} 불교를 신앙하는 지역과 나라에서도 관세음보살은 빠뜨릴 수 없는 전통 신앙의 일부다.

일반인들이 느끼기에 불교와 가톨릭은 상대적으로 사이가 좋다. 왜일까. 어쩌면 관세음보살이 연결고리로 작용한다. 서울 길상사에 가면 성모마리아상을 닮은 관음상이 있다. 길상사를 처음 세웠을

> 세계가 내 나라요, 온 인류가 내 형제요,
> 좋은 일을 하는 게 내 종교다.
> ·토머스 페인

때 가톨릭 신자인 최종태 조각가가 만들어 봉안한 석상이다. 종교 간 화해의 염원이 담긴 관음상이다.

일본에는 '마리아관음상'이 있다. 가톨릭 신자들이 박해를 피하기 위해 관음보살의 모습을 한 마리아상을 만든 것이다. 성모발현聖母發現이 2만 번 이상 발생했다. 관세음보살도 무수히 발현한다.

서양 문헌에서는 관세음보살을 '자비의 여신'Goddess of compassion이나 '불교의 마돈나'Buddhist Madonna로 표현되기도 한다. 그리스도교 신학자들이 '어머니 하느님'God the Mother, '아버지-어머니 하느님'Father-Mother God을 운위하는 시대다. 관세음보살은 그들에게 영감을 준다.

관세음보살은 어떻게 형상화됐을까. 관세음보살이 형상화되는데 나무·옥·대리석·도자기 등 다양한 재료가 동원됐다. 뜻을 모르고 관세음보살상이나 탱화를 보면 어리둥절하다. 머리가 3개인 경우도 있고 11개인 경우도 있다. 각각의 머리는 보살의 한 가지 측면을 반영한다. 평화롭고 자애로운 얼굴뿐만 아니라 근엄하거나 화난 얼굴도 있다. 1,000개의 팔, 1,000개의 눈은 많은 중생을 동시에 도울 수 있는 능력을 표현한다.

모든 계층을 사로잡은 끈질긴 생명력

관세음보살은 연꽃을 들고 있기도 하는데 이는 모든 중생이 타고나면서부터 지니고 있는 불성佛性을 상징한다. 염주는 모든 생명체를, 버드나무 가지는 덕을 상징한다. 중국 전설에 등장하는 동물 조

서울 길상사에 있는 관세음보살상.
가톨릭 신자인 최종태 조각가가 만들어 봉안한 것으로
성모마리아상을 닮아 화제를 모았다.

천후^{朝天吼}를 타고 있는 모습은 자연에 대한 관세음보살의 완전한 권세를 표현한다. 활·화살·방패로 무장한 모습은 미혹^{迷惑}과 싸우는 관세음보살을 상징한다. 명상하는 모습도 있다. 관세음보살처럼 막강한 힘을 지녔어도 명상이 필요하다는 교훈을 준다.

관세음신앙은 역사 속에서 진화했다. 끈질긴 생명력을 과시했다. 송대 이후 선종을 제외한 불교는 대부분 쇠퇴했다. 관음신앙만 예외적으로 모든 계층의 마음을 사로잡았다. 현대에는 신흥종교의 주요 요소다. 우리가 개벽을 말하는 것처럼 서양 일각에서는 '물병자리의 시대'^{Age of Aquarius}가 도래하기를 기다린다. 현재 또는 이윽고 들이닥칠 점성학적 시대다.

1세기경 스리랑카에서 문자화된 초기 불교 경전『숫타니파타』는 이렇게 말한다. "출생을 묻지 말고 행위를 물으라." 이 말은 "다니는 종교를 묻지 말고 행위를 물으라. 믿음을 물으라"는 말로 응용해 바꿔볼 수 있다.

『숫타니파타』는 이렇게 말한다. "'나는 뛰어나다'든가 '나는 뒤떨어진다' 또는 '나는 동등하다'라고 생각해서는 안 된다." 우리나라 같은 다종교 맥락에 대입하면 이렇게 말할 수 있을 것이다. "'우리 종교가 뛰어나다'든가 '우리 종교가 뒤떨어진다' 또는 '종교들은 동등하다'라고 생각해서는 안 된다."

『숫타니파타』의 뜻을 실현하는 데 관세음보살은 상당한 도전이 된다.

> 종교를 위해 순교하는 게
> 그 종교를 철저히 실천하는 삶을 사는 것보다 쉽다.
> ·호르헤 보르헤스

결국 남는 것은 부처님과 예수님

사후세계에 대해 침묵하는 종교는 없다. 사후세계는 거의 독자적인 고유영역이며 종교를 종교답게 하는 핵심이다. 수렵채집 시대의 사후세계에 대한 믿음이 발전한 게 종교라고 주장하는 학자도 많다(최초로 제도화된 종교에서는 사후세계관이 명확하지 않다며 이 주장에 반대하는 의견도 제기된다). 철학이나 이념도 종교와 마찬가지로 신념체계belief system이지만, 이들은 사후세계에 '일차적인' 관심을 두지 않는다(하지만 플라톤 이래 일부 철학자가 사후세계를 논한다).

종교와 사후세계의 밀접도·관련성을 따지는 데 중요한 시금석이 되는 사례는 유교다. 유교가 종교인지 아닌지에 대한 논란은 공자님의 다음 두 마디 말씀에서 출발한다. "사람도 제대로 섬기지 못하는데 어찌 귀신을 섬길 수 있겠느냐" "삶에 대해서도 잘 모르는데 어찌 죽음에 대해 알겠느냐." 유교에 천天의 개념이 있으나 이는 서양 종교에서 말하는 인격신이 아니기 때문에 유교를 종교의 범주에서 제외시키는 사람들도 있다. 이 또한 서구 중심적인 사고일 뿐이다. 여기서 흥미로운 점은 공자님도 부처님도 예수님도 자신이 모르는 것은 "모른다"고 말씀하셨다는 점이다.

절·성당·교회에 열심히 다니는 신앙인들도 막상 그 종교가 사후세계에 대해 뭐라고 가르치는지 의외로 잘 모른다. 물론 정확히 모를 뿐이지 어렴풋이는 알지만, 성직자나 종교 전문가가 아닌 일반 신앙인은 자신의 종교가 가르치는 것과 동떨어진 엉뚱한 것을 믿기도 한다.

왜일까. "개똥밭에 굴러도 이승이 좋다"는 속담에서 답을 찾을 수 있을지도 모른다. "아무리 천하고 고생스럽게 살더라도 죽는 것보다는 사는 것이 나음을 이르는 말"이라고 풀이되는 이 속담은 사후세계에 대한 사람들의 심리를 잘 요약한다. 죽음·사후세계에 대해 살피는 것은 최대한 미루고 싶은 게 우리네 마음 아닐까.

사후세계에 대해 상대적으로 무지하기 때문인지 사람들은 자신에게 들이닥칠 사후 운명에 상당히 낙관적이다. 자신이 아마도 어딘가 '좋은 곳'으로 갈 것이라고 막연하게나마 기대한다. 착하게 살다 보면 좋은 결과가 있을 것이라고 생각한다.

그러나 세상사에서 낙관은 금물이다. '나쁜 놈이 돼라'고 하는 종교는 없다. 모든 종교는 상선벌악賞善罰惡을 중시하지만 단지 착하게 사는 것으로는 충분치 않다. 뭔가 더 중요한 것이 필요하다. 예컨대 불교에서는 부처님이 제시하는 깨달음의 방법론을 이해해야 하고 그리스도교에서는 예수님에 대한 믿음이 중요하다.

사후세계에는 크게 두 종류가 있다. '믿음의 조상' 아브라함의 믿

『사자(死者)의 서(書)』(*Book of the Dead*).
사후세계를 다룬 가장 오래된 책 중 하나로
고대 이집트에서 미라와 함께 매장했다.

음에서 출발한 유대교·그리스도교·이슬람 등 '아브라함의 종교' Abrahamic religions에서는 천국·지옥을, 힌두교·불교에서는 윤회·해탈을 중시한다. 상대적으로 그렇다는 이야기다.

여성 호르몬 없는 남성, 남성 호르몬 없는 여성이 없듯이 동양 종교 속에 서양 종교가 내재하며 서양 종교 속에 동양 종교가 내재한다. 유대교의 일부 신자는 윤회를 믿는다. 초기 그리스도교에서도 윤회를 믿는 사람들이 있었다. 또 불교에도 천당 관념이 있다.

예컨대 극락極樂이 있다. 극락은 "아미타불이 살고 있는 정토淨土로, 괴로움이 없으며 지극히 안락하고 자유로운 세상, 인간 세계에서 서쪽으로 10만억 불토佛土를 지난 곳에 있는 곳"이다. 또 그리스도교에서 예수님을 구세주라고 하듯이 불교에서도 부처님을 구세주라고 부른다.

이처럼 동서양 종교에는 차이점도 있고 공통점도 있다. 같은 종교라도 교단마다 사후세계가 조금씩 다르다. 가령 불교에서는 통상 신 같은 인격적인 존재의 개입 없이 사후세계에서 갈 곳이 결정된다. 서양에서 말하는 자연법을 따른다고 볼 수 있다. 하지만 동시에 염라대왕閻羅大王이 등장하기도 한다. 염라대왕은 "저승에서, 지옥에 떨어지는 사람이 지은 생전의 선악을 심판하는 왕"이다.

그리스도교에서도 교단에 따라 죽은 자가 거치는 과정이 다르다. 죽으면 바로 천국이나 지옥으로 간다는 주장이 있는가 하면 예수님이 재림하시는 최후의 심판까지 일종의 잠을 잔다는 주장도 있다. 어떤 사람들은 천국은 사람이 죽어서 가는 곳이 아니라 하느님이

악마도 자신의 목적을 위해 성경을 인용할 수 있다.
·윌리엄 셰익스피어

52

세상으로 오시는 사건이라며 기존의 생각에 도전한다.

가톨릭교회·정교회·개신교회에는 모두 천국·지옥이 있지만 그곳에 가는 방법이나 과정은 각기 다르다. '거의' 모든 그리스도교회에서는 구원받은 사람들은 천국, 못 받은 사람들은 지옥으로 간다('거의'라고 해야 하는 이유는 '천국은 있어도 지옥은 없다' '지옥이 있더라도 궁극적으로 모든 사람은 구원받고 하느님 나라의 백성이 된다'고 생각하는 그리스도교인도 많기 때문이다).

결론적으로 '그리스도교란 무엇인가' '불교란 무엇인가'에 대한 답은 '그리스도교는 예수님과 관련된 종교다' '불교는 부처님과 관련된 종교다'라고 내릴 수 있다. 교단·종파마다 생각이 다르기 때문에 의견이 분분한 것을 모두 제외하다 보면 결국 부처님·예수님만 남는다.

계戒 무시하고 '좋은 곳' 기대하는 것은 '양심불량'

개신교에서는 '당신은 구원받았는가'라는 질문에 머뭇거리지 않고 즉각 '그렇다'라고 대답할 수 있는 믿음을 요구한다. 가톨릭이나 정교회 신자들은 이 질문을 받으면 망설인다. 구원은 신이 결정하는 것이기 때문에 '그렇다'라고 대답하는 것은 건방지고 주제넘은 일이기 때문이다. 미국의 한 정교회 책자에서는 한 가지 대처 방법을 제시한다. 개신교 신자가 물으면 '나는 구원받는 중이다'I am being saved라고 대답하라는 것이다.

사실 개신교의 천국과 가톨릭의 천국 사이의 본질적인 차이에 대해 정확히 아는 사람은 소수다. '또 하나의 이스라엘'로 이해되는 미국에서도 그렇다. 선진국 중에서 미국은 '예외적'으로 종교가 강세를 보이는 나라다. 미국인들의 80퍼센트가 하늘나라가 있다고 믿는다(영국인들은 30퍼센트 정도에 불과하다).

하지만 구원의 방법론에 대해서는 잘 모른다. 2010년 미국의 퓨리서치센터^{PRC}가 조사해보니 "가톨릭과 달리 개신교는 '오직 믿음으로 구원받는다'고 가르쳐왔다"는 사실을 아는 사람은 16퍼센트였다. 이는 미국 인구의 70.6퍼센트$^{개신교\ 46.5퍼센트,\ 가톨릭\ 20.8퍼센트}$가 그리스도교 신자라는 것을 감안하면 상당히 낮은 수치다(성경에는 가톨릭에 유리한 구절도 매우 많고, 개신교에 유리한 구절도 매우 많다. 어쨌든 개신교나 가톨릭이나 그리스도교에서 구원은 신의 은총이자 선물이다. 예수에 대한 믿음만 있으면 사람들은 그 선물을 받을 수 있다. 하지만 선물을 받았으면 인간도 성의를 표시해야 하지 않을까. 착한 일을 많이 하고 십일조도 내야 하는 게 아닐까).

한편 사후세계에 대한 관념은 계속 '진화'한다. 예컨대 힌두교의 초기 경전에는 윤회나 업^{業}의 관념이 희박했다. 유대교는 원래 사후세계에 대한 관념이 명확하지 않은 종교였다. 고대 유대인들이 율법을 지키고 신을 경배하며 살아간 것은 천국에 가기 위해서가 아니라 신과 이스라엘 민족이 계약을 맺었기 때문이었다.

고대 유대인들은 율법을 잘 지키고 착하게 살면 신이 무병장수, 많은 자손과 가축을 주신다고 믿었다. 유대교에서 의로운 사람이 죽어서 천국에 간다는 관념은 기원전 2세기 정도에 정립됐다. 예수

선함이란 절대 실패하는 일이 없는 유일한 투자다.
·헨리 소로

님 시대만 해도 유대 종교계는 부활과 영생, 천사와 영을 믿는 바리새파와 성경적인 근거가 없다며 바리새파의 주장을 거부하는 사두개파로 나뉘어 있었다. 현대 유대인들은 메시아의 도래, 최후의 심판을 믿지만, 그들이 생각하는 심판은 개인 차원이라기보다는 전 인류에 대한 심판이다.

거짓말은 지옥에 가게 되는 '대죄'大罪

사후세계에 대한 공식 교리는 바뀌지 않아도 일반 신앙인의 인식은 바뀐다. 특히 올바른 신앙을 위해 몇몇 사항을 지켜야 한다는 생각이 더 느슨해졌다. 한데 그리스도교나 불교는 최소한 그 출발이 지극히 근본적이고 철두철미하다. 우리나라 양대 종교인 불교와 그리스도교에서 각기 지키라고 하는 오계五戒와 십계명을 예로 들어보자. ('계'戒를 무시하고 '좋은 곳'을 기대하는 것은 아마도 '양심불량'이 아닐까.)

표준국어대사전에는 오계에 대해 "속세에 있는 신자들이 지켜야 할 다섯 가지 계율. 살생하지 말라, 훔치지 말라, 음행淫行하지 말라, 거짓말하지 말라, 술 마시지 말라"라고 씌어 있다.

십계명十誡命에 대해서는 "하나님이 시나이산에서 모세를 통해 이스라엘 백성에게 내렸다고 하는 열 가지 계율. 다른 신을 섬기지 말 것, 우상을 섬기지 말 것, 하나님의 이름을 망령되이 하지 말 것, 안식일을 지킬 것, 어버이를 공경할 것, 살인하지 말 것, 간음하지 말 것, 도둑질하지 말 것, 거짓말하지 말 것, 이웃의 재물을 탐내지

미켈란젤로, 「최후의 심판」, 1535~41.
가톨릭은 거짓말을 대죄로 여겼다.
6세기까지 거짓말을 한 사람은
고해성사를 일생에 단 한 번만 받을 수 있었다.

말 것으로, 유대교와 기독교의 근본 계율이다"라고 씌어 있다.

오계와 십계명에 공통적으로 등장하며, 어쩌면 가장 '사소해' 보이는 규율은 거짓말을 하지 말라는 경고다. 원칙적으로는 불교든 그리스도교든 거짓말하면 지옥 간다. 거짓말 좀 했다고 지옥에 가는 것은 너무한 것 아니냐는 생각이 들 수 있다. 편하고 쉽게 생각할 일이 아니다. 최초의 불교 경전인 『숫타니파타』에서 부처님은 "거짓말하는 자는 지옥에 떨어진다. 거짓말했으면서 안 했다고 하는 자도 마찬가지다. 둘 다 똑같이 행동이 비열한 사람들이라 죽은 후에는 똑같은 지옥에 떨어진다"고 말했다.

가톨릭의 경우에도 거짓말하는 것은 지옥에 가게 되는 대죄大罪다. 6세기까지 거짓말을 포함해 대죄를 범한 사람은 고해성사를 일생에 단 한 번만 받을 수 있었다. 대죄를 저지른 이도 고해성사를 한 번 이상 반복해 받을 수 있게 된 것은 중세부터다.

이기심도 지옥에 가는 죄다. 어떤 사람이 이기적이라고 해서 그 사람을 감옥에 가두는 정부는 없다. 하지만 종교는 엄격하다. 부처님은 『숫타니파타』에서 "재물이 엄청나게 많고 먹을 것이 풍족한 사람이 그것을 혼자서만 독차지한다면, 이것은 파멸의 문이다"(자선사업에 힘쓰는 서양 부자들은 부처님의 말씀을 충실히 따르고 있는 것이다)라고 경고했다.

베드로 못지않은 예수님의 수제자인 바울은 "육정이 빚어내는 일은 명백합니다. 곧 음행, 추행, 방탕, 우상숭배, 마술, 원수지는 것, 싸움, 시기, 분노, 이기심, 분열, 당파심, 질투, 술주정, 흥청대며 먹고 마

종교는 질병이다.
하지만 종교는 고귀한 질병이다.
·헤라클레이토스

시는 것, 그 밖에 그와 비슷한 것들입니다. 내가 전에도 경고한 바 있지만 지금 또다시 경고합니다. 이런 짓을 일삼는 자들은 결코 하느님 나라를 차지하지 못할 것입니다"「갈라디아인들에게 보낸 편지」제5장 제19~21절라고 말했다.

사람은 '죽을 때'가 되면 달라져

불교·그리스도교는 지옥에 머물러야 하는 기간에 대해서도 엄격히 정하고 있다. 그리스도교에서는 영원히 있어야 한다. 불교도 엄격하다. 『숫타니파타』에는 지혜로운 사람들은 "홍련지옥紅蓮地獄에 떨어진 사람의 수명이 수레에 실은 깨알의 수만큼이라고 헤아렸다. 즉 그 수는 5조 5,000만 년이다"라고 씌어 있다.

지옥의 형벌이 너무나 끔찍하기에 지옥과 천국 사이에 뭔가 중간지대가 필요했다. 가톨릭에는 16세기에 확립된 교리인 연옥이 있다. 연옥은 궁극적으로 천국에 가지만 그 전에 남은 죗값을 치러야 하는 사람들이 가는 곳이다. 불교에서도 지옥에 갈 만한 죄는 짓지 않았지만, 그래도 죄가 있는 중생들은 축생도畜生道에서 사람이 아닌 동물로 태어나거나 아귀도餓鬼道에서 아귀로 태어나 배고픔에 시달린다.

지옥의 반대말은 천국이다. 그리스도교의 천국은 신과 함께 있어서 한없이 기쁜 곳이며 지옥은 신이 없기에 형언할 수 없이 고통스러운 곳이다. 불교에도 6단계의 천국이 있다. 『숫타니파타』에 보면 "열심히 살고 있는 재가자는 죽은 후 '저절로 빛이 난다'는 신들 곁

역사상의 어느 문명도 제 속에서 난 원인 때문에
망하지 않은 문명이 없다.
들사람이여, 옵시사!
와서 다 썩어져가는 이 가슴에 싱싱한 숨을 불어넣어줍시사!
· 함석헌

영산재(靈山齋).
49재 가운데 하나로 사람이 죽은 지 49일 만에
영혼을 천도하는 의식이다.
2009년 유네스코 세계무형문화유산으로 등재되었다.

에서 태어나리라"고 씌어 있다. 하지만 불교의 궁극적인 목표는 천국에 가는 게 아니라 해탈하는 것이다.

임사체험臨死體驗, near-death experience과 일치하는 내용이 많다는 이유로 주목받고 있는 티베트 불교 경전 『티베트 사자의 서』를 살펴보면 신들이 사는 곳의 통로를 '흰색 빛'이라고 칭한다. 인간 세상에 다시 태어나기 위해서는 '파란 빛'을 따라가야 한다. 불자라면 '파란 빛'을 선택해야 한다. 부처가 되려면 인간 세상에 태어나야 하기 때문이다.

부처가 되면 어떻게 되는 것일까. 윤회에서 벗어나 이 세상에 태어나지 않게 된다. 그렇다면 영원히 죽은 것인가. '그리스도교는 영원한 생명을, 불교는 영원한 죽음을 약속하는 종교'라는 식으로 정리할 수 있을까.

그럴 수 없다. 부처님은 열반 이후의 상태에 대해 침묵했다. 부처님이 대답하지 않고 침묵한 14가지 무의미한 질문, 즉 '십사무기'十四無記를 보면 여래는 죽은 후에도 ① '존재한다', ② '존재하지 않는다', ③ '존재하기도 하고 존재하지 않기도 한다', ④ '존재하는 것도 아니고, 존재하지 않는 것도 아니다'라고 하는 것은 모두 올바른 결론이 아니다.

흔히들 사람이 죽을 때가 되면 달라진다고 한다. 특히 남들에게 너그러워지고 잘 베푼다. 임사체험은 뇌에서 일어나는 작용이지 사후세계와 무관하다는 주장이 있지만, 임사체험을 통해 터널·빛·대문을 보고 유체이탈, 마음의 평화 등을 경험하며 자신의 인생을 되

돌아본 사람들은 삶이 바뀐다고 한다.

　죽음이 멀리 있을 때부터 좋은 삶을 사는 사람이 많아질 때 세상이 더 밝아지지 않을까. 이를 위해서 더 많은 사람이 사후세계에 관심을 품어야 하지 않을까. 관심의 출발점은 죄나 생로병사와 관련된 고통에서 우리를 해방하려고 시도해온 종교에 대한 관심이다.

5 기도 그 힘에 대하여

신과 나누는 쌍방향 대화

16~18세기 계몽주의 시대 이후 많은 사상가나 학자가 종교의 종언을 자신 있게 예측했다. 그들의 '예언'은 일부 들어맞는 측면이 있다. 특히 유럽에서 그리스도교는 빈사 상태다. 하지만 여전히 종교는 무시할 수 없는 세력을 이루고 있다. 아프리카·중국 등 신앙인의 수가 오히려 증가하는 곳도 많다. 종교가 '미개 지역'에서만 성행하고 '문명 지역'에서는 망하고 있다고 생각할 수도 있겠지만, 우리는 종교가 상당히 이바지해 어제의 '미개 지역'이 오늘과 내일의 '문명 지역'이 된 사례를 종종 목격한다.

종교가 잘 없어지지 않는 이유는 종교의 핵심 가운데 하나인 기도의 효험을 많은 사람이 체험하고 있기 때문이다. 기도보다는 참선이 더 중요한 불교와 달리 그리스도교에서는 기도를 매우 중요하게 생각한다. 독일 종교개혁가 마르틴 루터[Martin Luther, 1483~1546]는 "숨 쉬지 않으면 살아 있을 수 없는 것처럼, 기도하지 않으면 크리스천이 아니다"라고 말했다. 실제로 미국인의 75퍼센트는 매일 또는 매주 기도한다. 그중 절반이 매일 기도한다.

종교가 사라진다고 하더라도 사후세계에 대한 관념과 더불어 종교의 핵심 중 하나인 기도만은 살아남을지도 모른다. 여론조사에 따르면 놀랍게도 종교가 없는 사람, 즉 무신론자 중에서도 기도하는 사람들이 있다. 강경한 무신론자라면 "당신을 위해 기도하겠습니다"라는 말을 듣고 기겁하거나 불쾌한 반응을 보일 것이다. 하지만 퓨리서치센터의 조사에 따르면 미국 무신론자·불가지론자 가운데 6퍼센트가 매일 기도한다. 11퍼센트는 매주 또는 매달 기도한다.

기도란 무엇인가. 표준국어대사전에는 "인간보다 능력이 뛰어나다고 생각하는 어떠한 절대적 존재에게 빎"이라고 씌어 있다. 기도의 용례로는 다음 문장들이 적혀 있다.

· 어머니는 부처님께 아들의 합격을 간절히 기도하고 계셨다.
· 두 분 내외가 내내 건강하시길 하느님께 기도하겠습니다.
· 어머니는 집 나간 형이 돌아오기만을 천지신명께 기도했다.
· 그녀는 남편이 건강히 돌아오게 해달라고 달님에게 기도했다.
· 그 소녀는 앞으로 자신이 유명한 가수가 되도록 도와 달라고 모든 신에게 기도하고 잠자리에 들곤 했다.

이 예문들을 중심으로 '기도란 무엇인가'를 따져보자. 기도란 무엇인가. 그리스도교 신비가이자 수도원 개혁가로 유명한 아빌라의 성녀 테레사Teresa de Cepeda y Ahumada, 1515~82는 기도를 "기도는 다른 게 아니라 하느님과 우정 관계를 맺는 것이다"라고 정의했다. 친구 사이란 무엇일까. 친구란 무엇보다 서로 말벗이 되어주는 게 아닐까. 미국 침례교 목사 빌리 그레이엄[Billy Graham, 1918~]은 "간단히 말해 기도는 여러분과 하나님이 양방향 대화를 나누는 것이다"라고 정리했다.

우리는 현실생활에서 기도를 어떤 의미로 받아들이고 있나. 표준국어대사전의 정의에 따르면 기도는 결국 '빎'이다. 그렇다면 빎, 빈다는 것은 또 무엇인가. 표준국어대사전에는 "바라는 바를 이루게 해달라고 신이나 사람, 사물 따위에 간청하다"라고 씌어 있다. 여기서 사람이 '바라는 바'는 육체와 마음의 건강, 무병장수가 기본·핵심이겠지만, 사람마다 '바라는 바'는 아주 다양하다. 그래서 다음 질문을 해본다.

우리는 무엇을 기도하는가. 무엇을 비는가. 표준국어대사전의 용례를 보면 우리는 합격·건강을 기원하며 기도하고, 집 나간 아들이 돌아오기를 기도하고, 아이돌 가수가 되게 해달라고 기도한다. 이것만 봐도 기도에는 상당한 기복 성향이 발견된다. 많은 종교지도자가 '청탁' 형태의 기도에 반대한다.

인도 민족운동 지도자 마하트마 간디[Mahatma Gandhi, 1869~1948]는 "기도는 부탁하는 게 아니다. 기도는 영혼의 갈망이다. 기도는 매일 자신이 약하다는 것을 인정하는 것이다"라고 말했다.

빈민·병자·고아, 죽음을 앞둔 환자들을 위해 평생을 헌신한 공로로 1979년 노벨평화상을 받은 테레사 수녀[Mother Teresa, 1910~97]도

> 그리스도교인은 훌륭한(good) 크리스천이 되기 위해 노력해야 한다.
> 무슬림은 훌륭한 무슬림이 되기 위해 노력해야 한다.
> 힌두교인은 훌륭한 힌두교인이 되기 위해 노력해야 한다.
> · 테레사 수녀

그리스도교도가 간절히 기도하고 있다.
종교가 잘 없어지지 않는 이유는 종교의 핵심 가운데 하나인
기도의 효험을 많은 사람이 체험하고 있기 때문이다.
특히 그리스도교에서는 기도를 매우 중요하게 생각한다.

비슷한 말을 했다. "기도는 부탁하는 게 아니다. 기도는 자신을 하느님의 수중手中, 하느님의 섭리에 내맡기는 것이며, 우리의 가슴 깊은 곳에서부터 들려오는 하느님의 목소리를 듣는 것이다." 간디와 테레사 수녀는 왜 "기도는 부탁하는 게 아니다"라고 말했을까.

'손이 발이 되도록' 빌었던 한민족

기복 기도는 신의 공의公義나 과학과 충돌한다고 생각하는 사람들이 있다. 예컨대 자식이 좋은 대학 가게 해달라고 비는 것은 결과적으로 다른 사람의 자식은 떨어뜨리라고 비는 것이다. 신은 편파적일 수 없으니 이는 모순이다(사실 인간은 신의 본모습을 알 수 없다. 실은 신이 상당히 편파적인 존재인 것은 아닐까).

또 어떤 기도는 과학의 법칙이 멈춰서는 기적이 일어나야 성취될 수 있다. 러시아 소설가 이반 투르게네프Ivan Turgenev, 1818~83는 "어떤 사람이 무슨 기도를 하건 그는 기적을 기도하는 것이다. 모든 기도는 결국 이런 말이다. '전지전능한 신이시어 2 곱하기 2가 4가 아니게 해주소서'"라고 말했다.

예수님은 기복 기도를 어떻게 생각했을까. 생각하기에 따라 대조적인 내용이 신약성경에 담겨 있다. 그는 "너희가 기도할 때 믿고 구하는 것은 무엇이든지 다 받을 것이다"「마태복음」제21장 제22절라고 선도했다. "믿고 구하는 것은 무엇이든지"라고 했으니 자녀들의 대학진학이나 득남, 아내의 승진 같은 것을 위해 기도해도 된다. 하지만 여기서 '믿고'라는 단어를 무시할 수 없다. 믿음이 강해야 기도

> 종교는 정치와 아무런 관계가 없다고 하는 사람은
> 종교가 뭔지 모르는 사람이다.
> ·마하트마 간디

가 이뤄진다는 뜻으로 읽을 수 있지만, 부차적인 해석도 가능하다. 기복 기도를 하더라도 '믿음'의 테두리 안에서 하라는 뜻이 담겨 있는 게 아닐까.

사실 그 전에 예수님은 "너희의 아버지께서는 구하기도 전에 벌써 너희에게 필요한 것을 알고 계신다"「마태복음」제6장 제8절라고 했다. 믿음이 있는 삶을 살면 신이 알아서 다 챙겨주니 굳이 기복 기도를 할 필요조차 없다는 것이다.

우리는 누굴 위해 기도하는가. 이 질문은 사실 '우리는 무엇을 기도하는가'와 관련된다. 우리는 주로 '나'를 위해 기도하고 아들 같은 내 피붙이, 아내와 남편, 부모, 친한 사람들을 위해 기도한다. 하지만 이는 인지상정人之常情 아닐까.

나와 전혀 무관한 사람들, 가난한 사람들, 북한 사람들, 전쟁의 참화에 시달리는 모든 사람을 위해 기도하는 것은 자칫 나를 '위선'에 빠뜨릴 수 있다. 원수를 위해 기도하는 것은 정말 어려운 일이다. 하지만 기도 대상을 계속 확장해나가는 게 신앙을 성숙하게 할 수 있다는 사실은 확실해 보인다.

우리는 언제 기도하는가. 위의 용례에 나오는 가수 지망생 소녀는 잠자리에 들기 전에 기도했다. 이슬람의 경우에는 기도 시간을 정해놨다. 사실 기도는 때를 가리지 않는다. 우스갯소리에 나오는 것처럼 기도할 때 담배 피우는 것은 불경스럽지만, 담배 피울 때마저 기도하면 칭찬받을 만한 일이다.

우리는 어떻게 기도해야 하는가. 아들이 합격하기를 바라는 어머니처럼 간절히 기도해야 하지 않을까. 우리 한민족은 간절히 기도해온 민족이다. 우리에게는 기도할 때 손을 비비는 습관이 있다. '손이 발이 되도록' 빈다.

그렇다면 길이는? 오랫동안 기도하는 게 좋을까. 루터는 "기도는 짧을수록 좋다"고 했다. 루터가 믿은 예수님도 제자들에게 주기도문을 가르치며 핵심만 간단히 기도하라고 명했다. "너희는 기도할 때 이방인들처럼 빈말을 되풀이하지 마라. 그들은 말을 많이 해야만 하느님께서 들어주시는 줄 안다. 그러니 그들을 본받지 마라"「마태복음」 제6장 제7~8절. 한편 미국의 제28대 대통령 우드로 윌슨Woodrow Wilson, 1856~1924은 "주기도문에서 첫 번째 청원은 일용할 양식이다. 굶주린 사람이 신을 경배하거나 이웃을 사랑할 수는 없다"고 말했다.

혈압 강하 등 육체적 건강에도 특효

심지어 독일 가톨릭 신비사상가 요하네스 에크하르트Johannes Eckhart, 1260~1327년경는 "만약 여러분이 평생 '감사합니다' 말고는 다른 기도를 한 게 없더라도 그것으로 충분하다"고 말했다. 개신교에서 사용하는 주기도문은 50단어다. 이 50단어를 한마디로 줄이면 '감사합니다'가 아닐까.

우리는 누구에게 비는가. 우리는 부처님·하느님·천지신명·달님에게 기도한다. 그리고 혹시 빠진 대상이 있는지 걱정되어 '모든 신'에게 기도하는 사람들도 있다. 물론 내가 믿는 신이 아닌 '다른 신'에게 기도하는 사람들을 혐오하고 무시하며 '미개인·야만인' 취

급하는 사람들도 있지만.

누구에게 비느냐에 따라 기도의 효험이 달라질까. 다른 종교뿐만 아니라 같은 종교 안에서도 종파가 다르면 '저쪽은 가짜다, 허구다'라고 생각하기 쉽다. 현대과학은 이 문제에 대해 뭐라고 말할까. 또 기도의 효과를 과학적으로 검증할 수 있을까.

미국 철학자·심리학자 윌리엄 제임스^{William James, 1842~1910}는 "최고의 고민 해결법은 기도"라고 했다. 왜일까. 덴마크 철학자·신학자 쇠렌 키르케고르^{Søren Kierkegaard, 1813~55}가 해답을 준다. "기도는 신을 바꾸는 게 아니라 기도하는 사람을 바꾼다." 신이 있든 없든 기도는 사람을 좋은 방향으로 바꾼다.

책을 30권 저술한 듀크 대학교의 해럴드 케이니그^{Harold Koenig, 1951~} 정신의학 교수는 "기도하면 병에 잘 걸리지 않고 걸리더라도 빨리 낫는다"고 주장한다. 1,500건의 의학 연구를 분석한 후에 내린 결론이다. 좀더 종교적이고 좀더 기도를 자주하는 사람들이 정신적으로나 육체적으로 더 건강하다. (상반된 연구도 있다. 기도는 특히 요즘 사회에 만연한 분노를 완화시키는 효과가 있는데 어느 종교를 믿는지, 얼마나 자주 종교의식에 참가하는지, 얼마나 자주 기도하는지와는 상관없다.) 기도하는 사람은 면역체계가 더 강하고 혈압이 더 낮다. 스트레스를 잘 받지 않고 더 희망적·낙관적이다. 우울증이나 불안감에도 잘 빠지지 않는다. 심지어 기도는 시각·청각장애에도 효과가 있다.

현대과학은 기도가 뇌에 미치는 영향을 연구한다. 기도하는 사람의 뇌를 스캔해보면 뇌의 상태가 바뀐다는 사실이 곧바로 드러난다. 『하느님은 어떻게 여러분의 뇌를 바꾸는가』*How God Changes Your Brain*, 2010를 집필한 펜실베이니아 대학교 의대 앤드루 누버그^Andrew Newberg, 1966~ 신경과학 교수는 10여 년 이상 종교적인 사람들의 뇌를 스캔하고 있다.

누버그 교수에 따르면 기도나 명상을 수행하는 수녀·승려 등 종교인의 뇌를 스캔하면 자아와 관련된 두정엽頭頂葉이 검게 나타난다. 자아와 관련된 뇌의 부분이 작동을 멈춘 결과다. 불교에서 말하는 "자기를 잊고 있는 상태"인 몰아沒我가 과학적으로 근거가 있다는 게 밝혀진 것이다. 누버그 교수는 "수학이건 자동차 경주건 미식축구건 신이건 무엇이든지 그것에 여러분이 집중하면 그것은 여러분에게 현실이 되며 뇌의 신경연결망에 입력된다"고 설명한다.

물론 모든 과학자가 케이니그 교수나 누버그 교수의 주장에 동의하지는 않는다. 사실 기도의 과학은 다른 과학 분야에 비해 역사가 짧다. 아직 걸음마 단계다. 뇌과학 자체가 본격적으로 발전하기 시작한 것은 1990년대 초반의 일로 채 30년도 지나지 않았다. 많은 사람이 기도와 침술의 효과를 체험했지만 과학의 인정을 받기까지 상당한 시간이 흘러야 할 것이다.

행동이 뒷받침돼야 '진짜 기도'

회의론자들은 기도의 과학에 대해서 다각도로 비판한다. 그들은 기본적으로 기도는 과학의 대상이 될 수 없다고 보는데, 사탕을 먹을 때도 뇌가 바뀐다고 지적한다. 뇌는 사람이 어떤 활동을 하든 항상 바뀐다는 것이다. 실험 설계가 잘못됐다는 지적도 꾸준히 제기한다.

특히 타인을 위한 중보기도Intercessory Prayer 연구에 비판이 쏟아졌다. 정부 예산으로, 즉 국민의 혈세로 중보기도 연구가 수행됐다는 점이 특히 도마에 올랐다. 비판하는 이들은 이런 연구가 위험할 수도 있다고 주장한다. 일부 연구에 따르면 중보기도를 받은 환자들은 상태가 오히려 더 나빠졌다.

비판하는 이들은 기도의 효험이 어느 정도 밝혀진 경우에 대해서도 이를 위약효과偽藥效果, placebo effect로 설명한다. 위약효과는 "가짜약을 썼는데도 환자가 이를 진짜 약으로 믿어 좋은 반응이 나타나는 일"이다. 사실 기도가 정말 효과가 있더라도 이는 신이나 불교에서 말하는 해탈의 존재여부와 무관한 문제일 수 있다.

기도효과 연구를 일부 과학자만 반대하는 게 아니다. 일부 신앙인 또한 그러한 연구가 신을 시험하는 것이라며 반대한다. '신은 자신을 시험하려는 시도를 무력화하기 위해 엉뚱한 실험 결과가 나오게 할 것'이라는 주장까지 제기한다. 이러한 회의론에 대한 재반론도 있다. 너무나 많은 사람이 치료를 위해 기도하고 있는 만큼 기도가 건강에 미치는 영향을 연구하는 것은 학자의 의무라는 것이다.

마지막으로 강조할 게 있다. 기도만 해서는 안 된다는 것이다. 행동이 기도를 뒷받침해야 한다. 미국 노예제 폐지운동가 프레더릭 더글러스Frederick Douglass, 1818~95는 "나는 자유를 위해 20년 동안 기도했는데 내 다리로 기도하기 전까지는 기도에 대한 그 어떤 응

종교란 보통 사람에게는 진리다.
현명한 자들에게는 거짓이다.
통치자들에게는 쓸모 있는 것이다.
·루키우스 세네카

답도 얻지 못했다"고 고백했다. 감리교회의 창시자 존 웨슬리^{John Wesley, 1703~91} 또한 "행동이 있는 곳에 기도가 있다"고 했다.

개신교 신자였던 전태일^{全泰壹, 1948~70} 열사는 1970년 8월 9일 자 일기에서 "하나님! 긍휼과 자비를 베풀어 주시옵소서"라고 기도했다. 다른 개인적인 복은 구하지 않았다. 전태일은 기도와 행동을 모두 실천한 것이다.

6 체험이 종교다

안 보이는 현실도 과학의 대상

'종교적 체험'religious experience이 신앙 그 자체는 아니다. 일부분일 뿐이다. 종교적 체험은 또 어떤 존재를 증명하지 않는다. 어떤 종교인이 기적이나 황홀경, 무아지경 같은 것을 체험한다고 해서 그 체험이 부처님이 말씀하신 사성제四聖諦·팔정도八正道가 맞다거나 신이 존재한다는 것을 증명하는 것은 아니다.

하지만 종교적 체험은 적어도 종교생활에서 아주 큰 부분을 차지한다. 뭔가 좋은 것, 재미·보람·뿌듯함·성취감 같은 것을 체험해야 교회·성당·절에 계속 다닐 수 있다. 체험이 없으면 믿음을 얻기도 힘들다. 마치 공부에 흥미가 없는 학생이 억지로 책을 싸 들고 학교에 왔다 갔다 하는 것과 비슷하게 된다. 과연 체험 없이 억지로 '연명'하는 신앙이 오래갈 수 있을까. 체험 없는 신앙은 지속가능sustainable하지 않다.

21세기 신앙의 위기는 종교적 체험의 위기다. 청소년·젊은이들을 '유혹'하기 위해 종교 단체들이 재미있는 예식이나 행사·엔터테

인먼트를 고안해내지만, 요즘 청소년·젊은이들은 종교 밖의 세속에서 종교가 선사하는 것을 능가하는 재미를 얼마든지 누릴 수 있다. 따라서 종교는 재미가 있든 없든 세속에는 존재하지 않는 체험을 제공해야 한다.

'종교적 체험'이라는 말이 학계에서 전문용어로 자리 잡은 것은 미국의 심리학자·철학자 제임스가 쓴 『종교적 경험의 다양성』^{The} *Varieties of Religious Experience, 1902*이 출간된 이후다. 이 책은 제임스가 스코틀랜드의 에든버러 대학교에서 1901~1902년에 행한 20회짜리 기퍼드 강좌$^{Gifford\ Lectures}$를 엮고 후기를 덧붙인 것이다. 기퍼드 강좌에서 제임스는 종교의 본질을 과학적으로, 특히 심리학적으로 연구할 필요가 있다는 점을 역설했다. 제임스는 '눈에 보이는 현실'과 '눈에 안 보이는 현실'이 있으며 종교가 운위하는 '안 보이는 현실'도 과학의 대상이라는 것을 역설한 것이다.

제임스가 보기에 인생의 목적은 행복이고 종교적인 행복 역시 그냥 행복이다. 행복 앞에 '종교적'^{religious}라는 형용사가 붙기는 하더라도 말이다. 연장선에서 종교적인 기쁨은 기쁨이다. 종교적 체험은 체험이다. 그는 종교적 체험에서 성聖과 속俗을 구분하지 않는다. 종교적 체험은 그에게 '신이 주는 선물'이라기보다는 인간의 무의식이 작용하는 심리적인 현상이다.

『종교적 경험의 다양성』은 발간되자마자 심리학·철학·종교학 분야에서 베스트셀러·스테디셀러를 넘어 고전이 됐다. 이 책을 읽고 '내 인생이 바뀌었다'는 사람이 많이 생겼다. 이런 현상은 오늘날에

명상에 빠진 캄보디아의 승려들.
종교적 체험이 신앙 그 자체는 아니지만
종교생활에서 큰 부분을 차지한다.

도 계속된다. 1917년에 창설된 모던라이브러리^{Modern Library} 출판사는 1998년 이 책을 '20세기에 영어로 출간된 논픽션 톱 100권' 가운데 2위로 선정했다. 1위는 『헨리 애덤스의 교육』*The Education of Henry Adams*, 1905이었다.

이 책이 출간될 즈음에는 '종교는 미신이기 때문에 조만간 사라지게 되어 있다'는 생각이 매우 강했다. 특히 그리스도교는 사면초가四面楚歌였다. 다윈주의자들은 자연을 설명하기 위해 신을 끌어들일 필요가 없다고 주장했다. 성경을 하나의 텍스트로 정밀 분석한 신학자·학자들은 성경을 전적으로 신뢰할 수 없다고 주장했다. 그들에게 성경은 그저 역사책이거나 이야기책, 문학이었다.

『종교적 경험의 다양성』은 이런 기류에 반격을 가한다. 전체적으로 보면 종교를 옹호하는 책이다. 많은 현대인이 100퍼센트 확실한 증거나 확신이 없으면 종교를 믿지 않으려고 한다. 기본적으로 '인간은 종교적인 동물'이라고 보는 제임스는 종교를 믿는 게 안 믿는 것보다 낫다고 본다. 제임스는 "종교적 체험의 가장 좋은 열매는 역사가 보여줄 수 있는 최고의 것이다"라고 말한다. 또 폭력과 같은 종교의 부정적인 측면에는 주목하지 않는다.

신앙인 중에는 이 책을 좋아하는 사람도 있고 싫어하는 사람도 있다. 이 책에는 '특정 종교의 특정 기류'를 거스르는 내용이 많이 담겼기 때문이다. 어떤 내용이길래 그럴까.

전후前後가 다른, 인생을 바꾸는 체험

제임스에 따르면 종교적 체험은 '객관적 사실'이다. 종교적 체험에 주관적인 측면도 있겠지만 기본적으로 과학적 연구가 가능할 정도로 객관적이다. '나쁜 종교적 체험'도 있을 수 있겠지만 종교적 체험은 대부분 사람을 더 나은 사람으로 거듭나게 하는 긍정적인 체험이다.

제임스가 다루는 종교적 체험들은 약간 극단적인 경우다. 전과 후before and after가 확연히 다른, 인생을 바꾸는 체험이자 자기 스스로를 파괴하는 자멸적 삶에서 벗어나게 하는 체험이다. '종교적인 모임에서 찬불가·찬송가·성가를 불렀더니 왠지 기분이 좋았다' 같은 수준의 체험은 이 책의 대상이 아니다.

『종교적 경험의 다양성』이 집중적으로 탐구하는 것은 집단적이거나 제도적인 차원의 종교적 체험이 아니라 개인적인 종교적 체험이다. 따라서 이 책은 교회나 승가僧伽. 부처의 가르침을 믿고 불도를 실천하는 사람들의 집단 같은 종교 모임을 다루지 않는다. 성직 제도나 신학, 교리, 의식에도 관심이 없다. 교회·성당·절 등 종교적 장소에 출입하지 않는 사람이라도 종교적 체험을 하는 사람이라면 충분히 '나는 종교적인 사람이다'라고 자부할 수 있도록 그 근거를 제시하는 책이다.

정통과 이단을 구분하는 숨이 콱콱 막히는 논쟁도 제임스에게 무의미하다. 그에게 종교란 "삶에 대한 인간의 총체적인 반응"이다. 신을 믿지 않는 종교도 종교다. 업보業報 같은 눈에 보이지 않는 어

우주적·종교적 체험은 과학 연구를 뒷받침하는
가장 강력하고 고귀한 힘이다.
·알베르트 아인슈타인

윌리엄 제임스.
제임스는 회심을 중요하게 생각했다.
특히 회심을 통해 성자가 된 경우를
집중적으로 다뤘다.

떤 질서를 믿는 것도 종교다. 무신론마저도 종교가 될 수 있다. 그에게 종교의 궁극적인 목표는 신이 아니라 양적으로나 질적으로 좀더 풍성한 삶이다.

제임스는 개인적인 체험 중에서도 회심[回心, conversion]을 중시한다. 표준국어대사전은 회심을 "① 마음을 돌이켜 먹음, ② **기독교** ─ 과거의 생활을 뉘우쳐 고치고 신앙에 눈을 뜸, ③ **불교** ─ 나쁜 데 빠져 있다가 착하고 바른길로 돌아온 마음.≒돌이마음"이라고 정의한다.

회심의 결과로 사람은 성자[聖者]가 된다. 제임스는 개인 중에서도 보통사람보다는 성자, 즉 일종의 '종교 천재'를 다뤘다. 표준국어대사전을 찾아보면, 성자란 "모든 번뇌를 끊고 바른 이치를 깨달은 사람"[불교]이요 "거룩한 신도나 순교자를 이르는 말"[그리스도교]이다. 회심한 성자들은 성격이나 습관마저도 바뀐다. 완전한 해방감과 자유를 맛보며, 두려움을 느끼지 않는 인간이 된다.

제임스는 종교를 초월해 그리고 모든 종교 속에 "보편적인 성자다움"[universal saintliness]이 담겨 있다고 본다. 그가 생각하는 성자다움에는 금욕, 영적인 강인함, 순수성, 이타심, 자선 같은 것이 포함된다. 제임스는 "성자들은 그들이 스토아학파의 금욕주의자이든 그리스도교인이든 불교인이든 사실상 구분되지 않는다"고 말한다. 이처럼 그는 모든 종교의 공통분모를 강조한다.

그렇다면 회심은 '갑자기' 찾아오는 것일까. 아니면 '조금씩' 찾아오는 것일까. 제임스에 따르면 이는 각 개인의 심리적인 특성에 따라 다르다. 가령 불교의 돈오[頓悟, 갑자기 깨달음]나 점오[漸悟, 점점 깊이 깨

성인을 성인으로 만든 많은 통찰력은 대부분
그가 죄인이었을 때 한 경험에서 나온다.
· 에릭 호퍼

^{달음}의 순간은 사람에 따라 다르게 찾아온다고 말하는 것이다.

일반인·비신앙인은 성자들의 '기행'^{奇行}을 좀처럼 이해하지 못한다. 예컨대 아시시의 성 프란치스코^{Sanctus Franciscus Assisiensis, 1181/82~1226}는 애욕을 끊어내기 위해 장미밭에서 몸을 굴렸다고 한다. 비신앙인은 '그냥 결혼하면 될 것을 왜 그랬을까'라고 반응할 수도 있겠다.

제임스는 성자들을 우리에게 인간적인 모습으로 소개한다. 그가 보기에 회심하기 전의 성자들은 정신적 고통으로 시달리는 경우가 많았다. 그들은 자신의 '아픈 영혼'^{sick soul} 때문에 고뇌하고 이를 치유하기 위해 '두 번째 탄생'^{second birth}이 필요한 사람들이다. 제임스는 종교에 그런 치유의 힘이 있다고 본다.

"신들은 우리가 사용할 수 있는 존재"

제임스는 종교가 신경증^{神經症}과 관련이 깊다고 주장한다. 예전에는 노이로제라고 부르던 신경증을 정의하자면 "심리적 원인 때문에 정신 증상이나 신체 증상이 나타나는 병. 주로 두통·가슴 두근거림·불면 따위의 증상이 나타나며, 불안 신경증·히스테리·강박신경증·공포증·망상 반응 따위가 있다" 정도가 될 것이다. 하지만 제임스는 어떤 종교인이 이러한 증세를 보인다고 해서 그가 속한 종교를 비판해서는 안 된다고 주장한다. 결과로 판단해야 한다는 것이다.

'거듭남'이 필요한 사람들과 달리 한 번 태어나는 것으로 충분한 사람들도 있다는 게 제임스의 관점이다. '한 번 탄생'^{once-born}으로

> 약간의 철학은 인간 마음의 방향을 무신론으로 향하게 하지만
> 깊이 있는 철학은 인간 마음의 방향을 종교로 돌리게 한다.
> ·프랜시스 베이컨

충분한 사람들은 낙천적이다. 정신적으로도 건강하다. 병적인 수준의 정신적인 고통도 없다. 다만 제임스에 따르면 결국 두 번 태어나야 하는 사람들의 신앙심이 궁극적으로 더 깊고 더 진실하다. 결국 세상은 여러 면에서 공평한 것일까.

제임스는 실용주의 철학자로도 유명하다. 효과만 있으면 된다는 것이다. 그는 『실용주의』*Pragmatism, a new name for some old ways of thinking,* 1907에서 어떤 이가 어떤 관념을 믿고 그 관념에서 효용을 얻는다면 그 관념은 제한적으로나마 진리라고 주장했다. 그의 실용주의는 종교 영역으로 확장된다. '종교적 흑묘백묘론黑猫白猫論'이다. 고양이는 쥐만 잘 잡으면 된다. 샤머니즘이든 이슬람이든 일본계 종교든 긍정적인 체험이 있는 종교는 다 좋다는 것이다.

'신들'gods에 대해 제임스는 "우리가 따르는 신들은 우리에게 필요하고 우리가 사용할 수 있는 신들이다. 신들이 우리에게 요구하는 것들은 우리가 우리 스스로에게 요구하는 것들과 우리가 우리 서로에게 요구하는 바를 강화reinforcement한 것들이다"라고 말한다. 인간은 신들을 영원히 알 수도, 이해할 수도 없을 수 있다. 하지만 인간은 최소한 신들을 '활용'할 수 있다고 제임스는 주장한다.

신비 체험도 이 책의 주요 대상이다. 제임스가 정리한 신비 체험에는 두 가지 특성이 있다. 표면적으로 보면 두 특성은 모순적이다. 첫째, 형언할 수 없다. 신비 체험은 직접 체험할 수 있을 뿐이지 자신의 체험을 남에게 전달할 수 없다. 둘째, 신비 체험은 동시에 지적인 상태다. 신비 체험은 지식의 세계와 무관한 게 아니다.

미국의 한 교회에서 성령 체험 중인 성도들.
신비 체험에는 두 가지 특성이 있다.
첫째, 형언할 수 없고,
둘째, 그러면서도 지적인 상태다.

『종교적 경험의 다양성』에 대한 비판 가운데 하나는 이 책이 주로 그리스도교, 특히 개신교 중심적이라는 점이다(물론 이 책은 불교의 사례와 많은 가톨릭 성인의 사례, 특히 16세기 스페인 신비주의자 사례도 다룬다).

물론 제임스는 그리스도교 전통의 체험만 '진짜'이고 불교를 비롯한 다른 종교 전통의 체험은 '가짜'라고 하지 않는다. 그는 일종의 '문화적 상대주의' 관점에 서 있기 때문이다. '문화적 상대주의'나 '진리의 상대성'을 싫어하는 신앙인은 제임스와 『종교적 경험의 다양성』에 상당한 의구심이나 불쾌감을 느낄 수도 있다.

"잘못 이해한 진리는 최악의 거짓말 돼"

그렇다면 '사이비' 종교도 체험만 있으면 되는 걸까. 제임스는 그런 말을 하려는 게 아니다. 그의 주장에 따르면 체험은 '부적합한' unfit, 건전하지 못한 종교를 소멸시킨다.

제임스는 어떤 사람이었을까. 그는 근대 심리학을 창시한 철학자다. '의식의 흐름'stream of consciousness이라는 말도 그가 만들었다. 제임스 덕분에 유럽 철학계는 미국 철학계를 비로소 존중하기 시작했다. 그는 하버드 대학교에서 1872년부터 1907년까지 교수생활을 하며 생리학·철학·심리학을 가르쳤으며 68세에 심장병으로 사망했다.

엄격한 장로회 신자였던 제임스의 할아버지는 1789년에 아일랜드에서 미국으로 이민 와 사업으로 거부가 됐다. 그래서 제임스의 아버지 헨리 제임스Henry James, 1811~82는 평생 일할 필요가 없었다. 그는 에마누엘 스베덴보리Emanuel Swedenborg, 1688~1772의 신학에 심취했는데 '미국에서 말을 제일 잘하는 사람'이라는 별명이 붙었다. 그는 자식들에게 독자적으로 생각할 수 있는 능력을 갖춰야 한다고 강조했다. 제임스의 동생 헨리 제임스 2세Henry James, Jr., 1843~1916는 유명 소설가이자 비평가였다.

제임스는 어려서부터 병약했다. 두통, 자살 충동, 공포증, 환각을 겪었다. 결정 장애햄릿증후군도 있었다. 제임스는 불평불만을 시시콜콜 어머니에게 털어놨기에 어머니는 아주 죽을 지경이었다.

그러던 그가 앨리스 기번스Alice Gibbons, 1573~1603라는 여성과 열렬한 사랑에 빠졌고 1878년 결혼했다. 결혼하고 나서 신경쇠약증세가 사라졌다. 부부는 4남1녀를 낳았다. 제임스는 역사적 철학자 중에서는 예외적으로 행복한 가정을 꾸린 것으로 평가받는다(하지만 제임스는 상당한 바람기가 있었다고 전해진다). 그는 가끔씩 '장기 가출'을 했다. 가출 기간에 아내와 주고받은 서신을 읽어보면 끈끈한 가족애가 느껴진다.

제임스는 한때 '나는 아무 쓸모없는 사람은 아닌가' '인생에는 과연 의미가 있을까' 하는 의문 때문에 고통스러워했다. '의미의 위기'crisis of meaning를 겪은 것이다. 제임스는 대체적으로 불가지론자agnostic로 분류된다. '뉴에이지'New Age나 '포스트모던 운동'의 선구자로 볼 수도 있다. 하지만 그가 마음의 평화를 얻은 책 중에는 그리스도교 성경도 포함됐다.

> 무관심만큼 종교에 치명적인 것은 없다.
> ·에드먼드 버크

제임스가 한 가장 유명한 말 중에는 다음 구절이 포함된다. "어떤 진리를 들은 사람들이 그 진리를 잘못 이해하면 그 진리는 최악의 거짓말이 된다." 이는 우리에게 생각거리를 던진다.

작두 타고도 발에 상처 안 나야 진짜?

단 한 번도 굿을 구경한 적 없고 무당을 찾아간 적 없는 사람도 의외의 장소와 때에 무교^{巫敎}와 마주치는 경우가 있다. 정치와 종교가 만나는 현장에도 무교가 있을 수 있다.

어느 천도교 지도자에게 이런 말을 들은 적이 있다. 서학^{西學}이 던진 충격에 대항해 유불선^{儒佛仙}과 무교의 최고 장점과 핵심을 취합해 태어난 것이 동학·천도교이며, 동학·천도교가 다시 그리스도교를 만났을 때 통일교가 생겨났다. 또 동학·천도교가 유교와 만났을 때 갱정유도가 생겨났고 불교와 만났을 때 원불교, 마르크스주의와 만났을 때 주체사상, 샤머니즘과 만났을 때 증산계열의 종교들이 생겨났다는 것이다(그 천도교 지도자가 한 말을 나는 그렇게 기억하고 있다. 표현상 잘못이 있다면 전적으로 내 잘못이다. 개인적으로 상당히 설득력 있는 주장이라고 생각한다).

세계 최고의 '종교 수입국·수출국'이라고 할 수 있는 우리나라에서 무교를 배제하고 종교 지형을 말할 수 없다. 대한경신연합회의 추산에 따르면 무속인은 20만 명이 넘는다. 무교를 영어로 '무이즘' Muism, '코리안 샤머니즘'Korean Shamanism이라고도 한다.

샤머니즘이란 무엇인가.

우선 질문을 한 가지 해보자. 여러분에게 어떤 사람이 "당신은 신기神氣가 있는 것 같다"라고 한다면 어떤 생각이 들까. 기분이 좋을까 나쁠까. 표준국어대사전을 찾아보면 신기라는 말 자체는 중립적이다. 오히려 좋은 말에 가깝다. "① 신비롭고 불가사의한 운기雲氣, ② 만물을 만들어 내는 원기元氣, ③ 정신과 기운을 아울러 이르는 말."

신기 없이 무당이 되거나 무당생활을 영위할 수 없다. 일반 사회의 지도자라도 예지豫知, 즉 "어떤 일이 일어나기 전에 미리 아는" 능력이 있어야 한다. 지도자는 비저너리visionary다. 무교의 관점에서 보면 비저너리는 신기가 있어야 될 수 있다.

표준국어대사전은 샤머니즘shamanism을 "원시적 종교의 한 형태. 주술사인 샤먼이 신의 세계나 악령 또는 조상신과 같은 초자연적 존재와 직접적으로 교류하며, 그를 통해 점복占卜, 예언, 치료 등을 하는 종교적 현상이다. 아시아 지역, 특히 시베리아·만주·중국·한국·일본 등지에서 주로 볼 수 있다.≒무교巫敎·무술巫術"이라고 정의한다. 이 정의는 아주 적절하다. 샤머니즘을 연구한 학자들의 견해의 정수精髓와 일치한다.

샤머니즘은 '자연종교'自然宗敎다. 자연종교는 "종교의 발달 과정에서, 국민적 또는 세계적 종교에 이르기 이전에 생겨난 자연 발생의 원시적 종교를 통틀어 이르는 말"이다. '원시종교'原始宗教와 거의 동의어다.

샤먼·샤머니즘은 퉁구스어에서 유래했다. 16세기부터 모피를 찾아 시베리아를 정복하기 시작한 러시아 사람들이 샤먼·샤머니즘의 존재를 세계로 전파했다. 샤머니즘 관념이 서부 유럽에 도달한 것은 17세기 말이다.

샤머니즘을 '협의狹義의 샤머니즘'과 '광의廣義의 샤머니즘'으로 나눠볼 수 있다. 좁은 의미의 샤머니즘의 본산은 시베리아와 북극 지역에 국한된다. 넓은 의미로 보면 한·중·일, 동남아, 북아메리카, 남아메리카, 아프리카 등 전 세계가 샤머니즘 영향권이다. 이 관점에서는 시베리아 샤먼이나 사하라 남부 아프리카의 위치닥터witchdoctor나 북아메리카의 메디신맨medicine man이나 한국의 무당을 같은 범주로 묶을 수 있다. 모두 비슷한 일을 하는 한 식구이자 한 동료다.

이러한 인식에는 몇 가지 비판이나 보론補論이 따라붙는다. 우선 협의의 샤머니즘인 '시베리아 샤머니즘'이라는 게 실제로 존재하는지부터 의문이다. '시베리아 샤머니즘'의 존재 양식 자체가 너무나 다양하다. 남자 샤먼이 여성 샤먼보다 많은 경우도 있고 우리나라처럼 그 반대인 경우도 있다. 한국 무속도 남쪽 지방과 북쪽 지방이 상당히 다르다. 예컨대 제주도 등 남부에서는 엑스터시 현상이 거의 존재하지 않는다.

지역에 따라 샤먼으로 인정받기 위한 조건이 다르다. 그 경계가

북아메리카의 메디신맨.
샤머니즘의 광의에서는 이들과 한국의 무당,
시베리아의 샤먼, 사하라 남부의 위치닥터를
모두 같은 범주에 묶을 수 있다.

불투명한 사례도 발견된다. 우리나라의 경우 작두를 타고도 발에 상처가 나지 않아야 한다. 상당수 다른 문화권 샤머니즘에서는 그 반대다. 예를 들어 배를 갈라 피가 나는데도 전혀 아파하지 않아야 한다.

샤머니즘뿐만 아니라 '시베리아'라는 지역명 자체가 러시아 사람들이 만든 말이기 때문에 좁은 의미의 샤머니즘 개념을 전 세계로 확장해 적용하려하면 무리가 따른다. 즉 시베리아가 샤머니즘의 '종주지역'宗主地域인지는 확실치 않다. 오히려 남아시아, 인도가 샤머니즘의 기원이라는 설도 있고 샤먼의 어원은 산스크리트어라는 주장도 있다. 시베리아 샤머니즘 자체가 불교·이슬람·그리스도교의 영향을 골고루 받았기 때문에 무엇이 샤머니즘의 본래 모습인지 파악하기도 힘들다.

변성의식 상태에 이르기 위해 자학自虐하기도

샤머니즘은 대체적으로 비서구·전근대·후진국에서 발견된다. 세계를 서구와 비서구, 근대와 전근대, 선진국과 후진국 같은 뚜렷한 이분법으로 이해하면 편리한 점도 있다. 하지만 세세한 차이를 알아볼 수 없게 되어 상당한 왜곡이 수반된다.

그런데 샤머니즘에 대해서만큼은 많은 학자가 시공을 초월한 샤머니즘의 보편성을 주장한다. 그들의 인식은 다음과 같은 질문으로 귀결된다. 인류 공통의 조상 언어에 상응하는 인류 공통의 시원始原적 종교가 있을까. 그것은 샤머니즘일까. 오늘날에도 '글로벌 샤머

> 종교는 우리 지능이 유아기였을 때의 잔재다.
> 우리가 이성과 과학을 지침으로 삼게 되면
> 종교는 사라질 것이다.
> ·버트런드 러셀

니즘'의 존재를 주장할 수 있을까.

'글로벌 샤머니즘'이 성립하려면 샤먼·샤머니즘의 일반형을 구축할 수 있어야 한다. 일반형은 서구 학계의 샤머니즘 연구에서 기념비적 위치를 차지하는 인물인 미르체아 엘리아데[Mircea Eliade, 1907~86]가 구축하기 시작했다. 그는 루마니아 출신 종교사학자로 시카고 대학교 종교학과장을 지냈다. 여러 종교사상·우주관을 비교·연구하고 일상생활 속 신비를 소재로 소설도 썼지만 아무래도 그는 『샤머니즘』[Shamanism, 1951/2004]의 저자로 주로 기억된다.

엘리아데에게 샤머니즘은 그 유래가 구석기시대로까지 거슬러 올라가는 '엑스터시 상태에 도달하기 위한 여러 기법'[techniques of ecstasy]이다. 샤머니즘 연구자들은 엑스터시 대신 트랜스[trance]라는 단어를 사용하기도 한다. 다시 표준국어대사전을 찾아보자.

엑스터시 "감정이 고조돼 자기 자신을 잊고 도취 상태가 되는 현상. 움직임이 없이 외계[外界]와의 접촉을 단절하는 경우가 많다. '황홀감'으로 순화." 용례로는 "엑스터시를 느끼다 / 무당이 엑스터시 상태에 빠져 혼령이 말하는 대로 읊조린다"를 제시했다.
트랜스[trance] "정상적인 의식이 아닌 상태. 최면 상태나 히스테리 상태에서 나타나는데 외계와 접촉을 끊고 깊은 명상 상태에 들어가 특수한 희열에 잠기는 것을 이른다."

우리는 조금 알수록 더 강하게 믿는다.
·미셸 드 몽테뉴

화려한 복장을 한 아메리카인디언 샤먼.
아메리카인디언들은 지금도 구석기시대의 샤머니즘적 의례를 올린다.

영육靈肉이 분리되는 과정에서 미치기까지

샤먼은 어떻게 평상시의 의식상태에서 변성의식상태變性意識狀態, Altered State of Conscious, ASC에 속하는 엑스터시·트랜스 상태에 빠질 수 있을까. 춤·북소리뿐만 아니라 엔테오젠entheogen으로 통칭되는 약물을 사용한다(엔테오젠은 '내면의 신성함을 발생시키는'이라는 뜻이다). 독성이 강해 자칫 사망에 이르게 할 수 있는 광대버섯Amanita muscaria 이 대표적이다. 잠 안 자기, 단식하기, 알몸으로 영하의 날씨에서 일하기 등으로 몸을 학대하는 경우도 있다.

샤먼은 자신이 일반인과 다른 능력이 있다는 걸 인정받아야 한다. 막강한 힘과 지식을 지녔다는 것을 과시해야 한다. 엑스터시·트랜스에 도달할 수 있는 능력을 갖추는 것이 그 출발점이다. 그런데 샤먼은 엑스터시·트랜스 능력을 활용해 무엇을 하는가.

우선 치유와 예언이 떠오른다. 실제로 샤먼의 어원을 '아는 자'one who knows로 보기도 한다. 샤먼은 뭔가를 알기에 현재와 미래를 꿰뚫어보는 '아는 소리'를 할 수 있다. 다만 치유·예언 둘 중 하나를 꼽는다면 치유다. 그래서 갓 '데뷔'한 샤먼이 가장 먼저 해야할 일은 첫 치유를 성공시키는 것이다.

이승과 저승 사이에서 중개인 역할을 하는 샤먼들은 그 외에도 다른 여러 가지 일을 한다. 저승사자psychopomp로서 죽은 사람의 영혼을 저승으로 안전하게 데려가기도 하고 분쟁을 중재하기도 한다. 사냥감이 부족하거나 비가 안 오면 샤먼은 동물과 날씨를 통제하는 영적 존재들에게 청원한다. 하지만 세계 곳곳에서 발견되는 샤머니즘적 종교 현상의 핵심은 몸과 마음의 치유라는 데 많은 학자가 동의한다.

치유는 어떻게 이뤄지는가. 샤먼은 엑스터시·트랜스 상태에서 '영적 여행'spiritual journey을 떠난다. 달나라에 가거나 지구를 돌기도 한다. 샤머니즘은 영혼의 일부가 저승 세계로 납치되면 아프다고 본다. 샤먼은 유체이탈幽体離脫, Out-of-Body Experience을 통해 사자들이 있는 땅속 하계下界로 떠나 길 잃은 영혼을 되찾아온다. 샤먼은 위험한 직업이다. 몸과 영혼이 분리된 후 일이 잘못되면 미치는 경우도 있다.

이러한 치유 활동의 배경에는 샤머니즘의 세계관과 우주론cosmology이 있다. 요약하면 이렇다. 세상·우주에는 중심이 있다. 우주적 나무나 산 또는 기둥을 중심으로 땅의 세계, 땅 밑 세계, 하늘 세계가 펼쳐진다.

단군의 건국 과정에 나오는, '환웅이 처음 하늘에서 그 밑으로 내려왔다는 신성한 나무'인 신단수神壇樹 또한 일종의 '우주 나무'cosmic tree다. 이 삼계三界는 영靈으로 가득 차 있다. 인간의 영혼이나 동물의 영혼은 불멸한다. 그런데 영 중에는 착한 영도 있고 나쁜 영도 있다. 하늘과 땅 속의 영들은 땅 위에 사는 인간들에게 영향을 미칠 수 있다.

어떤 사람들이 샤먼이 될 수 있을까. '부르심'을 받아야 샤먼이 될 수 있다는 의견과 일종의 강요인 '부르심'과 무관하게 개인적인 결단만으로 충분하다는 의견이 서로 맞선다. 부르심, 즉 소명召命,

call, vocation을 강조하는 샤머니즘의 전통은 그리스도교의 관점과도 일맥상통한다. 그리스도교에서 소명은 "사람이 하나님의 일을 하도록 하나님의 부르심을 받는 일"이다.

소명이든 결단이든 세습무이든 강신무이든 샤먼은 한 명 또는 여러 명의 샤먼 밑에서 '수습' 기간을 거친다. 샤먼의 '인턴 기간'은 몇 년이 걸릴 수도 있다. 훈련 기간 중에 예비 샤먼은 공동체를 떠나 있어야 한다. 단식도 해야 하고 성관계를 해서도 안 된다. 훈련생들은 '소통 전문가'가 되기 위해 자연의 영, 죽은 사람들의 영과 소통하는 법을 배운다. 교육 과정 중에 샤먼은 영들이 사용하는 '비밀 언어'를 배운다. 요즘 말로 하면 샤먼은 '심리치료사'다. 샤먼 후보는 아픈 사람들과 대화할 때 필요한 탐문 기법도 배운다.

지나친 상업성 때문에 비판받는 네오샤머니즘

샤먼들은 환각이나 의식을 통해 '거듭남'을 체험한다. 그들은 '죽음'을 경험한다. 자신의 신체가 절단되고, 해골이 되고, 불에 타는 장면을 본다. 죽음에 이르지는 않더라도 엄청난 스트레스를 받는다. '죽느냐 사느냐'의 위기를 극복하고 좀더 강한 몸으로 다시 태어난다.

샤머니즘은 씨족·부족사회를 배경으로 한다. 샤먼은 원래 마을 공동체에서 상당히 존경받는 존재였다. 불교·유교·그리스도교 등 세계종교world religion가 왕조국가·민족국가를 지탱하는 이념이 되자 샤머니즘이 추락하기 시작했다. 이제 많은 사람이 샤머니즘 하면

> 모든 종교는 이런저런 측면에서 참되다.
> 종교를 은유로 이해하면 진리다.
> 하지만 종교가 은유에 함몰돼
> 은유를 사실로 해석하면 문제가 생긴다.
> ·조지프 캠벨

마법사를 그린 19세기 삽화.
'서양 무당'들은 그리스도교가 유럽을 장악하기 전의
샤머니즘적 자연종교를 복원하려고 한다.
그들은 바이킹족의 습속, 스칸디나비아 신화에서
샤머니즘적 요소가 발견된다고 주장한다.
샤머니즘이 서양의 마법에 영향을 미쳤다는 가설도 세운다.

미신·혹세무민^{惑世誣民}을 떠올린다. 중국의 경우에도 샤먼은 사회의 비주류·주변부에 속한다.

샤머니즘은 네오샤머니즘^{neo-shamanism}이라는 새로운 형태로 미국이라는 '글로벌 국가'를 배경으로 부흥하고 있다. 1960년대 이후 미국 캘리포니아를 중심으로 뉴에이지 운동과 샤머니즘이 만났다. 뉴에이지는 애초에 엑스터시·트랜스, 유체이탈, 영매 현상, 대체 의학 등에 관심이 많았다. 그래서 샤머니즘은 뉴에이지 운동가들에게 완벽한 파트너다. 뉴에이지는 이 세상에 존재하는 모든 것이 에너지라고 주장한다. 인체 역시 에너지이기 때문에 모든 인간은 서로 연결되어 있다. 인간은 온 우주와도 합일한다. 뉴에이지는 샤머니즘도 관점이 같다고 본다.

네오샤먼들이 샤머니즘에서 떠올리는 이미지는 '열등함'이 아니라 '순수함'이다. '서양 무당'들은 그리스도교가 유럽을 장악하기 전의 샤머니즘적 자연종교를 복원하려고 한다. 그들은 바이킹족의 습속, 스칸디나비아 신화에서 샤머니즘적 요소가 발견된다고 주장한다. 샤머니즘이 서양의 마법^{witchcraft}에 영향을 미쳤다는 가설도 내세운다.

네오샤머니즘은 샤머니즘의 '탈종교화'와 밀접하다. 애초에 샤머니즘은 종교라기보다는 종교 현상에 가깝다. 네오샤머니즘의 관점에서 샤머니즘은 인간을 이해하고 탐구하는 수단이다. 네오샤머니즘은 학문적으로도 전개된다. 샤머니즘을 처음 연구하기 시작한 러시아 학자들은 샤머니즘이 정신질환과 관련되었을 가능성을

연구했다. 오늘날에는 스위스의 정신의학자·심리학자 카를 융^{Carl}

Jung, 1875~1961의 주장과 샤머니즘을 비교·검토하는 작업도 행해지고 있다.

네오샤머니즘에 대한 반발도 만만치 않다. 지나친 상업성이 지적되는 가운데 어떤 사람들은 네오샤먼을 '사기꾼'이나 '악마의 하수인' 정도로 이해하기도 한다. 일부 아메리카인디언도 분노한다. 그들은 네오샤머니즘이 아메리카인디언의 종교를 훔쳤다고 본다. 또한 그들은 그들 종교의 정신을 외면하거나 왜곡하고 단지 기술만을 떼어내 활용하는 것에 대해서도 경계한다.

샤머니즘에 대해 어떤 결론을 내릴 수 있을까. 다른 종교들과 마찬가지로 결국 실천이 문제다. '좋은' 성직자와 '나쁜' 성직자가 있지만, 전통이 오랜 종교의 경우에는 그 종교 자체가 본질적으로 나쁘다고 속단할 수 없다. '나쁜 무당' 때문에 무교를 폄하할 수 없다.

기도하는 사람, 영혼과 교회의 새 지평 열었다

어떤 사람들은 정치인들에게 '공功은 공대로 과過는 과대로'라는 원칙을 적용하자고 주장한다. 공을 업적으로 인정하고 과는 교훈으로 삼자는 말이다. 신앙인들에 대해서도 공과를 모두 고려해야 할 것인가. 아니면 '허물은 신앙인들이 평생 쌓은 공든 탑을 무너뜨린다'라고 봐야 할 것인가. 정치와 종교는 다르다. 서로 다른 영역이다. 하지만 정치와 종교는 서로 만날 때가 있다.

역대 교황은 사실 매우 '정치적'인 인물들이었다. 어쩌면 그들은 싫어도 정치적인 인물이 되어야만 했다. 가톨릭교회라는 거대한 조직을 이끌어야 했기 때문이다. 그들은 바티칸 시국의 국가원수였다. '세계 가톨릭 제국의 황제'라고도 할 수 있겠다. 그래서 이들을 황제를 연상시키는 교황敎皇 대신 교종敎宗이라고 불러야 한다는 주장도 나왔다.

교황은 최소한 현재의 교세를 유지하고 가능하면 교세를 팽창해야 한다. 교황도 세속의 정치 지도자들과 마찬가지로 정치적인 유산legacy을 남겨야 한다. 교황의 연설은 최고 정치 지도자의 연설에 상응하는 기능을 한다. 가톨릭 신자라고 해서 모두 교황의 말에 절대 복종하는 것은 아니다. 가톨릭교회 내에도 상대적인 보수와 진보가 있다. 교황이 말 한마디 잘못하면 보수·진보 양 진영 간의 갈등이 심화될 수 있다. 교황이 하는 말 한마디 한마디에 놓치기 쉬운 깊은 뜻이 담겨 있을 수도 있다.

전 세계 13억 가톨릭 신자의 지도자인 프란치스코 교황은 2015년 9월 24일 미국 상하원 합동 연설에서 미국인 네 명의 이름을 언급했다. 미국 제16대 대통령 에이브러햄 링컨Abraham Lincoln, 1809~65, 민권 운동가이자 목사 마틴 루서 킹Martin Luther King, 1929~68, 가톨릭 사회 운동가 도러시 데이Dorothy Day, 1897~1980, 가톨릭 사상가 토머스 머튼Thomas Merton, 1915~68이었다. 교황의 관점에서 보면 이 네 명이 "미국 국민의 대표자"였다.

상하원 합동 연설에서 교황은 머튼에 대해 "머튼은 무엇보다 기도하는 사람이었습니다. 그는 그의 시대의 확신에 도전하는 사상가로서 영혼들과 교회에 새로운 지평을 열었습니다. 그는 대화하는 사람이었으며 사람들이나 종교 간에 평화를 증진시키는 사람이었습니다"라고 말했다.

프란치스코 교황은 왜 굳이 미국을 대표하는 네 명의 인사에 데이와 2015년이 탄생 100주년이었던 머튼을 포함시켰을까. 어쩌면 교황은 미국이 개신교뿐만 아니라 가톨릭의 나라이기도 하다는 것을 상기시키려고 했는지 모른다. 미국 인구 가운데 약 20퍼센트,

7,000만 명이 가톨릭 신자다.

머튼은 길버트 체스터턴Gilbert Chesterton, 1874~1936, 자크 마리탱Jacques Maritain, 1882~1973, 성녀 에디트 슈타인Saint Edith Stein, 1891~1942, 데이 등과 함께 가장 유명한 20세기 가톨릭 작가다. 그는 종교·영성 분야뿐만 아니라 민권운동, 비폭력, 미소 군비경쟁, 환경 등 다양한 주제를 다룬 70여 권의 책을 썼다. 신학·문학·역사학·평화연구 등 다양한 분야에서 그에 대한 연구가 계속되고 있다.

미국의 대학들도 그의 삶과 글에 대해 가르친다. 하지만 우리나라에서나 미국에서 머튼은 일반인들에게 좀 낯선 인물이다. 다만 그의 자전적 이야기인 『칠층산』The Seven Story Mountain은 유명하다. 베스트셀러·스테디셀러를 넘어 고전이 된 책이다. 1946년 31세에 탈고하고 1948년 출간한 이 책에서 그는 자신의 삶 중 1915에서부터 1944년까지를 다뤘다.

머튼은 1915년 프랑스 프라드에서 태어났다. 뉴질랜드 출신인 아버지 오언과 미국 출신 어머니 루스는 모두 화가였다. 머튼은 어린 나이에 부모를 여의었다. 어머니는 그가 6세 때 위암으로 사망했고 아버지는 16세 때 사망했다. 머튼은 1934년부터 1년여간 케임브리지 대학교에서 공부하다가 이후 컬럼비아 대학교로 옮겨 1939년까지 학업을 이어갔다. 영문학 학사·석사를 받은 곳도 컬럼비아 대학교다.

'20세기판' 성 아우구스티누스의 『고백록』이라 불리는 『칠층산』의 주제는 행복이다. 그는 1942년 미국 켄터키 루이스빌 인근에 있

인간에게 최대의 유혹은
지나치게 작은 것에 만족하는 것이다.
·토머스 머튼

는 겟세마니 트라피스트회 대수도원에 입회함으로써 행복을 찾았다. 1949년에는 신부로 서임敍任됐다. 수많은 미국 젊은이가 『칠층산』에 영향을 받아 기도하고 명상하는 삶을 살기 위해 수도자가 됐다. 제2차 세계대전이 끝났지만 냉전 시대가 시작됐다. 핵무기로 전 인류가 공멸할 수 있는 위기의 시대에 사람들은 삶의 의미에 대한 해답을 구했고 많은 사람에게 『칠층산』은 구원의 여명이었다.

『고백록』 이래 서구의 고백록·참회록 전통에서 자서전은 자신을 미화하는 게 아니라 자신의 모든 것을 드러내는 수단으로 사용되었다. 대중과 독자들을 향한 일종의 고해성사다. 『칠층산』의 초고 또한 '지나치게 솔직'했기에 수도원 고위층의 지적에 따라 일부 내용이 삭제되었다.

바람둥이이자 공산주의자였던 '신부님'

자신의 술회에 따르면 머튼은 수도자가 되기 전까지 남들을 불편하게 하는 자기중심적이고 무절제하며 육체의 쾌락에 탐닉하는 바람둥이였다. 혼외 자식을 뒀으며 한때 공산주의 운동에도 가담했다. 자신이 불행한 이유는 잘못된 사회체제 때문이라고 생각했다. "나는 아무것도 믿지 않는다"가 그의 인생 모토였다.

그런 그가 어느 날 미사에 참석하고 '갑자기' 행복해졌다. 삶에 대해 만족하게 됐다. 어렸을 때 성공회에서 세례를 받은 머튼은 1938년 11월 가톨릭으로 개종했다(데이도 성공회에서 개종했다).

머튼의 시대는 지금보다 오히려 더 종교에 대해 회의적이었다.

토머스 머튼.
그는 사제가 되기 전 혼외 자식을 둔 바람둥이였다.

달라이 라마가 2010년 5월 24일 자비의 중요성을 강조하며
자신과 머튼의 만남에 대해 설명하고 있다.

아이러니다. 『뉴욕타임스』는 『칠층산』이 종교 서적이라는 이유로 주간 베스트셀러 목록에 올리지 않았다. 하지만 대중은 케임브리지 대학교·컬럼비아 대학교에서 공부한 수재가 가톨릭에 귀의한 이유를 궁금해했다. 반응이 열광적이었다. 얄궂게도 세월이 흐른 후 머튼은 『칠층산』이 자신에게 낯설다고 말했다. 1953년에는 "『칠층산』은 내가 이름조차 들어본 적이 없는 사람이 쓴 작품"이라고 했다. 전 세계 15개 언어로 번역되어 수백만 권이 팔렸지만 가난을 허원許願했기 때문에 인세는 한 푼도 받지 않았다. 풍족해진 것은 그가 아니라 그가 소속된 수도회였다.

명사가 된 머튼은 『의사 지바고』로 유명한 러시아 작가 보리스 파스테르나크Boris Pasternak, 1890~1960, 폴란드 출신 노벨 문학상 수상자 체스와프 미워시Czesław Miłosz, 1911~2004, 사회심리학자 에리히 프롬Erich Fromm, 1900~80, 다이세츠 스즈키鈴木大拙 貞太郎, 1870~1966, 달라이 라마Dalai Lama, 1935~, 틱낫한 스님 등 세계의 수많은 명사와 교유했다. 켄터키에 있는 토머스 머튼 연구센터에 가면 그가 보냈거나 받은 서신 1만 개가 보관되어 있다.

달라이 라마는 2010년 5월 24일 『뉴욕타임스』에 실린 「신앙은 여럿, 진리는 하나」Many Faiths, One Truth라는 기고문에서 "머튼이 내게 말하길 자신은 그리스도교에 완전히 충실하면서도 불교 같은 다른 종교를 깊이 있게 배울 수 있다고 했다. 나 또한 마찬가지기에 나는 열렬한 불교도이지만 세계의 다른 종교에서도 배운다"고 썼다.

사실 회심은 머튼에게 단 한 번으로 그치는 게 아니었다. 그는

어쩌면 나는 내가 생각하는 것보다 더 강하다.
·토머스 머튼

'종교 간 대화의 혁신가'interfaith innovator로도 불린다. 그는 유대교·이슬람·힌두교·자이나교·유교·도교 등 다른 종교들을 섭렵했다. 다른 종교들과 그리스도교 사이에 공통의 진리가 있다고 믿었다. 다른 종교의 교리나 제도보다는 다른 종교가 '나'를 향해 어떻게 접근하는지에 대해 종교적 체험의 차원에서 관심을 뒀다.

유대교·이슬람·힌두교·유교·도교 등 두루 섭렵

특히 가톨릭과 다른 종교들의 신비주의 전통의 유사점을 파고들었다. 그는 다른 종교들, 특히 동양 종교들이 그리스도교를 보완할 수 있다고 봤다. 머튼은 불교, 불교 중에서도 선불교禪佛敎, 선불교 자체보다는 참선에 관심이 많았다. 그는 참선을 통해 그리스도교인들이 예수 그리스도를 향해 나아갈 수 있다고 주장했다. 사망하기 전날 머튼은 "참선과 그리스도교가 미래"라고 말한 것으로 전해진다.

'예수 그리스도만으로 충분하다'고 보는 상당수 그리스도교인이 보기에 머튼은 헛수고한 셈이다. 머튼은 그들에게 혼합주의와 상대주의를 상징한다(머튼은 '중국식 상대주의'로 유명한 장자에 대해 『장자의 길』 *The Way of Chuang Tzu*, 1969을 썼다).

머튼이 20세기 가톨릭 영성靈性의 스타로 떠오를 수 있었던 배경에는 제2차 바티칸 공의회1962~65가 있다. 제2차 바티칸 공의회의 「비非그리스도교에 관한 선언」은 가톨릭교회가 "타 종교에서 발견되는 옳고 성스러운 것은 아무것도 배척하지 않는다"고 선도하며 "그들 안에서 발견되는 정신적 또는 윤리적 선과 사회적 또는 문화

우리가 다른 사람들과 평화롭게 지내지 못하는
이유는 우리가 우리 스스로와 평화롭지 않기 때문이다.
우리가 우리와 평화를 이루지 못하는 이유는
우리가 하느님과 평화를 이루지 못했기 때문이다.
·토머스 머튼

적 가치를 긍정하고 지키며 발전시키기를" 권고했다.

동양 종교에 대한 머튼의 관심과 저작은 「비그리스도교에 관한 선언」을 모범적으로 실천한 사례였다. 머튼은 젊은이들이 가톨릭을 '쿨'cool하게 여기도록 하는 데 일조했다. 하지만 머튼은 어쩌면 가톨릭의 테두리를 넘어버렸다. 특히 말년으로 갈수록 그러했다. 그를 '선불교 신자'라고 평가하는 사람도 있다.

"타 종교에서 발견되는 옳고 성스러운 것은 아무것도 배척하지 않는다"라는 말을 뒤집으면 "타 종교에서 발견되는 그릇되고 성스럽지 않은 것은 모두 배척한다"는 말이 된다. 정통주의자들의 관점에서 머튼은 타종교의 '잘못된' 점까지 수용했다.

1960년대에 그는 반전운동·평화운동·민권운동 등 사회운동의 양심으로 떠올랐다. 머튼은 환경주의를 수용한 최초의 가톨릭 사상가 가운데 한 명이다. 그는 자연을 사랑하고 찬양했다. 하지만 많은 사람이 그의 '정치적' 활동을 비판했다. '정치'는 수도자, 특히 묵언정진默言精進을 강조하는 전통으로 유명한 트라피스트 수도자에게 어울리지 않는다는 것이었다.

27년에 걸친 그의 수도자생활은 의외의 사건으로 막을 내린다. 1968년에 그는 태국 방콕에서 개최된 종교 간 수도자 대화 모임에 참석하러 갔다가 감전사했다. 53세로 한창 왕성하게 활동하고 있었기 때문에 일부 연구자와 전기 작가는 그가 암살당했거나 자살했을 가능성을 제기했다.

개방적인 사상가 머튼

1966년에 척추수술을 위해 병원에 입원했을 때 그는 25세의 견습 간호사인 마지 스미스^{Margie Smith}와 사랑에 빠졌다. 두 사람의 나이 차이나 마지에게 베트남전에 참전한 약혼자가 있다는 사실 따위는 둘의 사랑도 막지 못했다. 수도회 입회 후 줄곧 일기를 써온 머튼은 둘의 사랑도 일기에 기록했으며 이 일기는 1990년대에 출간됐다. 그의 일기에 나온 마지는 "나를 완전하게 한 내 인생의 기적"이었다. 둘의 관계는 정신적이었을 뿐만 아니라 '에로틱'했다. 머튼은 수도회에 남아 있기로 결심하고 마지에게 받은 편지들을 불태웠다. 마지는 결국 약혼자와 결혼했다. 머튼의 자살설을 주장하는 사람들은 사랑을 이루지 못한 '후회'를 근거로 든다.

『칠층산』은 단테 알리기에리^{Dante Alighieri, 1265~1321}의 『신곡』^{Divine Comedia, 1321}에 나오는 연옥에 있는 산을 지칭한다. 천국·지옥·연옥이 있다면, 머튼은 마지를 통해 천국의 길로 간 것일까. 아니면 지옥으로 떨어진 것일까.

많은 이에게 머튼은 영웅이며 '예언자'다. 하지만 머튼이 '행복한 척하는 사기꾼'일 뿐이라고 비판하는 사람도 있다. 머튼은 사실 진정한 마음의 평화를 누리지 못했으며 유명해지려는 열망이 지나치게 강했다는 평가도 있다.

예언자는 제자를 거느릴 만하다. 어떤 젊은이가 머튼에게 제자가 되고 싶다는 편지를 보냈다. 머튼은 "그런 시도는 하지 마십시오. 나는 제자가 없고 제자를 바라지 않습니다. 나 같은 진흙더미 같은

미래의 '되어야 할 우리'가 곧 '오늘의 우리'다.
· 토머스 머튼

사람 위에 귀하의 삶을 쌓지 마십시오. 예수 그리스도의 제자가 되십시오."라고 답신했다.

위에서 제기한 질문으로 돌아가자. 프란치스코 교황은 왜 굳이 네 명 중 토머스 머튼을 포함시켰을까. 또 데이를 포함한 이유는 무엇일까. 데이는 사회주의자였다. 머튼은 타 종교에 대해 개방적인 사상가였다. 현 교황은 어떤 때는 매우 보수적이고 어떤 때는 매우 진보적이다. 그가 미국 상하원 합동 연설문에서 머튼과 데이를 부각시킨 것을 허투루 보면 안 된다. 20세기에 사회주의와 다른 종교들은 가톨릭교회에 상당한 도전이었다. 그가 데이와 머튼을 언급한 것은 21세기 가톨릭교회의 자신감을 반영하는 것일 수 있다.

9 무신론도 종교인가

무교도無敎徒 ≠ 반종교인

신이 있을까. 하나님·하느님은 과연 존재하는가. 유신론은 신이 '있다'고 '주장'하고 무신론은 '없다'고 '주장'한다. 불가지론은 '알 수 없다'고 '주장'하고 이신론理神論은 '있지만 인간사에 간여하지 않는다'고 '주장'한다.

유신론·무신론은 '주장'主張이다. 주장은 "자기의 의견이나 주의를 굳게 내세움"이다. 유신론이나 무신론은 우리 언어체계에서 '론'論이다. 론은 주장이요 학문이요 이론이다.

영어로는 약간 다르다. 영어에서 유신론에 해당하는 것은 '시이즘'theism, 무신론은 '에이시이즘'atheism이다. '이즘'-ism인 것이다. 이즘은 '체제·운동·가르침'이다. 또한 마르크스주의Marxism·근본주의Fundamentalism·이슬람주의·교권반대주의Anti-Clericalism의 경우에서 볼 수 있는 것처럼 이즘은 주의主義다.

무신론은 고대 인도에서 처음 전개됐다. 우리가 수입한 유신론-무신론-불가지론을 둘러싼 논란은 주로 서구를 배경으로 전개되었던 것이다. 392년 로마제국의 국교가 된 그리스도교는 서로마제국^{기원전 7세기~476년}이 멸망한 후에도 정치·경제·사회·문화 등 중세 시대^{5~15세기}의 모든 영역을 장악했다. 하지만 르네상스^{14~16세기}와 계몽기^{16~18세기}를 거치며 그리스도교의 입지는 흔들리기 시작한다. 그 배경에는 17세기에 본격적으로 대두한 무신론이 있었다.

흔들림 속에서도, 아니 흔들림을 극복하려는 듯 자신의 신앙에 회의가 들수록 더욱 맹렬히 포교에 나서는 사람들이 있다. 그리스도교는 대발견 시대^{Age of Discovery, 15세기 후반~18세기 중반} 이후 유럽의 팽창이라는 물결을 타고 전 세계로 전파됐다. 얄궂게도 무신론은 그리스도교 확산의 동반자였다.

이제 우리나라에서도 무신론은 유의미한 사고체계로 부상했다. 2012년 갤럽 조사에 따르면 우리나라에서 무신론자 비율은 15퍼센트다. 중국^{47퍼센트}, 일본^{31퍼센트}, 체코^{30퍼센트}, 프랑스^{29퍼센트}에 이어 세계 5위다. 우리나라는 이제 '무신론 강국'이다.

유의미와 무의미를 가르는 기준을 뭘까. 사회적 갈등을 일으키면 유의미, 그렇지 않으면 무의미라고 볼 수 있다. 무의미한 것은 정치화^{politicization}을 통해 유의미한 것이 된다. 예컨대 소위 '지역감정'은 우리나라 헌정사에서 정치적으로 크게 유의미하지 않았다. 그러다 '3김' 시대를 거치며 지역은 정치적으로 가장 의미 있는 변수가 됐다.

무신론도 원래는 우리에게 무의미했다. 유교는 신이나 사후 세계에 무관심했다. 공자가 말한 것처럼 "사람도 제대로 섬기지 못

백담사 앞 계곡의 돌탑들.
무교도라도 돌 하나쯤은 쌓는 게 일반적이다.

하는데 어찌 귀신을 섬길 수 있겠는가. 삶에 대해서도 잘 모르는데 어찌 죽음에 대해 알겠는가" 하는 식이었다. 그리스도교를 종교의 기준으로 삼는 서구의 관점에서는 유교를 종교가 아니라 철학으로 보기도 한다(세계적인 유교학자 뚜웨이밍杜維明, 1940~ 중국 베이징 대학교 고등인문연구원장은 유교의 정의에 '종교적인 철학'religious philosophy을 포함시킨다).

서구의 관점에서 무신론적 체제로 분류되는 불교 또한 '신이 있느냐 없느냐'는 문제에 무관심하다. 불교의 관점에서는 해탈이 문제라면 문제지 신의 존재여부는 지극히 주변적인, 무시해도 되는 문제에 불과하다. 종교 관련 내용이 포함된 '2015 인구주택총조사' 결과를 보면 신자 수에서 개신교967만 6,000명, 19.7퍼센트가 불교761만 9,000명, 15.5퍼센트를 앞섰다. 동시에 종교가 없는 국민56.1퍼센트이 산업화 시대 이후 처음으로 50퍼센트를 넘었다.

1945년 광복 당시 2,500만 인구 가운데 종교가 있는 국민의 비율은 4~6퍼센트에 불과했다. 불교·개신교·가톨릭의 약진으로 신앙인 수가 급팽창하다가 다시 줄어들기 시작했기 때문이다(종교와 비종교의 부침은 사이클을 그리며 계속된다. 전 세계 차원에서 보면 지금 늘어나고 있는 종교가 없는 인구의 비율은 25년 후에 다시 감소하기 시작한다).

이제 종교를 기준으로 우리나라 국민을 분류하면 최대 세력은 개신교도 불교도 아니고 무교無敎다. 즉 설문에서 "믿는 종교가 없음"에 체크하는 사람들이 다수다. 대부분 사람은 그냥 안 믿을 뿐이지 '체계적'으로 안 믿는 것은 아니다. 직장이든 여행이든 가족이든 학

완강한 무신론자의 반만큼이라도
에너지가 넘치는 전도사는 없다.
·헤이우드 브룬

문이든 음식이든 다른 일에 더 관심이 많다. 자신을 무교로 보는 대부분 사람은 비非종교인이지 반反종교인이 아니다.

우리말 무교에 해당하는 영어 표현은 'nones'다. 미국의 경우 무교가 인구 4분의 1을 차지한다. 'nones' 중에는 무신론자가 포함된다. 무신론자들은 '체계적으로 신을 믿지 않는 사람들'이라고 할 수 있다.

그중 일부는 무신론을 적극적으로 '선교'한다. 주변 사람들을 자신처럼 무신론자로 만들려고 한다. 그런 경우 무신론은 또 하나의 종교가 된다. 주변 사람들을 불편하게 할 수도 있다. 1882년 "신은 죽었다"고 선언한 프리드리히 니체Friedrich Nietzsche, 1844~1900는 "괴물들과 싸우는 자는 그 자신이 괴물이 되지 않도록 주의해야 한다"라고 말했다.

'괴물' 수준은 아니더라도 열광적인 무신론자는 열광적인 유신론자 못지않게 주변 사람을 불편하게 할 수 있다. '다행히도' 2014년 '종교풍경연구'Religious Landscape Study에 따르면 미국의 경우 무신론자 가운데 65퍼센트는 '무신론 신앙'에 대해 종교를 믿는 사람들과 의견을 나누지 않는다. '호전적인' 무신론자는 일상생활에서보다 학계에서 접할 수 있다.

미국과 유럽의 무신론자들은 자신이 무신론자라고 굳이 밝히지 않는다. 사회적인 억압·탄압을 받을 수도 있기 때문이다. 미국 대통령을 예로 들어보자.

2016년 미국 대선에 출마한 공화당의 도널드 트럼프Donald Trump,

1946~ 후보는 장로교, 민주당의 힐러리 클린턴[Hillary Clinton, 1947~] 후보는 감리교 신자다. 트럼프나 클린턴이나 둘 다 그다지 종교적인 인물은 아니지만 '대놓고' 무신론을 표방하는 정치인은 미국 대통령이 되기 힘들다.

윤회 등 사후세계까지 부정하기도

퓨리서치센터의 2014년 조사에 따르면 미국인 중 자신이 무신론자라고 생각하는 사람은 3.1퍼센트, 불가지론자는 4퍼센트다. 미국인의 4분의 1은 자신이 '비종교적'이라고 생각하지만 무신론자·불가지론자는 여전히 소수파다.

종교생활을 하는 미국인들은 다른 종교 신자나 동성애자, 페미니스트보다 무신론자를 더 싫어한다고 알려졌다. 동성애자는 각종 선거에서 이길 수 있지만, 무신론자는 그렇지 않다는 말이 미국에서 통용된다. 미국인의 4분의 1을 차지하는 복음주의자들[evangelicals]을 이겨낼 재간이 없는 것이다.

하지만 건국 초기로 갈수록 미국 대통령 중에는 이신론자가 많았고 교회를 별로 열심히 다니지 않는 이도 많았다. 사회관계망서비스[SNS]를 포함해 신흥·전통 매체가 고도로 발달한 21세기에 오히려 미국 대통령이 되려면 '명목상' 특정 그리스도교 교단에 속해야 한다니 역설이 아닐 수 없다.

아직은 상당히 적대적인 환경인데도 무신론자들은 적극적인 공세를 펼친다. 그들은 무신론자 집회를 개최하고 무신론을 선전하는 광고까지 낸다. 특히 리처드 도킨스Richard Dawkins, 1941~ 같은 '신무신론'New Atheism의 스타들은, 동성애자들의 사례를 본받아 무신론자들도 커밍아웃coming out해야 한다고 독려한다. 신무신론은 2000년대 중반부터 부상했다. 도킨스, 크리스토퍼 히친스Christopher Hitchens, 1949~2011, 샘 해리스Sam Harris, 1967~ 등 신무신론자들은 베스트셀러 작가다. 그들의 책은 마니아 사이에서 일종의 경전의 지위를 획득했다.

관혼상제는 종교가 수행하는 중요한 사회적 기능이다. 사실상 무신론자인데도 교회에 다니는 사람들도 있다. 교회라는 공동체가 제공하는 소속감 때문이다. 우리는 무교 환경에 길들여져 있기 때문에 종교를 가지지 않고도 충분히 관혼상제를 치를 수가 있지만 미국과 유럽의 경우에는 목사·신부가 집전하지 않는 관혼상제가 여전히 좀 낯설다(영화 「러브스토리」의 결혼식 장면을 참조해보시라). 미국과 유럽의 무신론자들도 이제 비종교 관혼상제를 점차 발전시키고 있다. 세례 받은 것을 무효화하는 의식debaptism까지 등장할 정도다.

'공동의 적'은 논리실증주의

무신론자는 신을 믿지 않는다. 하지만 아무것도 믿지 않는 것은 사실 힘들다. 대안이 필요하다. 무신론자들은 종교 없이도 인간이 충분히 도덕적·윤리적인 존재가 된다고 주장하지만 뭔가 허전하다는 느낌을 받을 수도 있다.

대안으로 떠오른 것이 휴머니즘이다. 휴머니즘은 인간·인류를

신이 실제로 존재한다면
그를 철폐할 필요가 있을 것이다.
·미하일 바쿠닌

유니테리언 유니버설리즘 교회.
18세기에 발생한 유니테리언 유니버설리즘은 '교리가 없는 종교'다.
이들은 개인의 신앙상의 자유를 중시한다.

믿는다. 신이 존재하지 않는다는 것을 '믿는' 무신론자들은 신을 대신해 과학을 믿는다. 그들은 진화론·물리학 등 과학만으로도 우주와 인간 세상의 모든 것을 충분히 설명할 수 있다고 믿는다.

불똥이 신을 믿지 않는 불교로 번지기도 한다. 일부 무신론자는 신을 부정하는 것을 확장해 윤회 같은 불교의 사후세계까지 부정한다. 많은 유럽·미국 사람에게 그리스도교의 대안으로 떠오르고 있는 불교도 무신론의 타깃이 되는 것이다.

유신론에 대한 또 다른 대안은 '유니테리언 유니버설리즘'Unitarian Universalism이다. 18세기에 발생한 유니테리언 유니버설리즘은 '교리가 없는 종교'다. 신앙상의 개인적 자유를 중시한다. 이 종교의 회원들은 대부분 초월적인 존재를 믿지 않지만 각자 자유롭게 자신만의 신 개념을 발전시킬 수 있다.

이들은 각 종교마다 나름대로 지혜를 담고 있다고 믿는다. 생로병사 같은 인간 조건에 대한 이해는 끊임없이 발전하고 변화하며 새로운 계시啓示 역시 계속 등장한다고 본다. 신이 예수나 무함마드를 통해 마지막 계시를 전했다는 생각에 반대하는 것이다. 이들의 모임 장소는 교회·성당과 비슷하다.

'사랑의 반대말은 증오가 아니라 무관심'이라고 하지 않았던가. 어쩌면 유신론의 반대말도 무관심이지 무신론이 아닐지도 모른다. 목사·신부 등 성직자까지 포함해 유신론자가 무신론자로 전향하기도 하지만, 무신론자가 '회심'해 유신론자가 되는 경우도 많다.

무신론-유신론을 둘러싼 논란의 역사는 유구하다. 플라톤Platon,

신이 사람이요, 사람이 신이다.
· 루트비히 포이어바흐

기원전 428~347년경은 『법률』에서 무신론에 반대했다. 니콜로 마키아벨리Niccolò Machiavelli, 1469~1527는 정치와 종교·도덕의 분리를 주장함으로써 무신론이 숨 쉴 수 있는 공간을 확보했다.

이성을 중시한 데이비드 흄David Hume, 1711~76과 이마누엘 칸트Immanuel Kant, 1724~1804는 무신론자는 아니었지만 전통적인 유신론을 배격했다. 무신론의 역사에서 이성 못지않게 중요한 것은 자유다. 무신론자들은 신을 배제해야 인간이 자유로워질 수 있다고 주장한다.

인문주의 철학자 프롬이 지은 『자유로부터의 도피』Escape from freedom, 1941가 생각난다. 예수는 "진리가 너희를 자유롭게 할 것이다"「요한복음」 제8장 제32절라고 말했다. 어떤 사람에게는 진리가 유신론인데 다른 이들에게는 무신론이니 참 묘한 일이다.

무신론자들은 무신론자의 비율이 높을수록 자유롭고 풍요로우며 민주적이고 평화로운 사회가 된다고 주장한다. 만약 이 말이 사실이라면 유신론자들은 분발해야 할 것이다. 무신론이 유신론자들에게 반드시 나쁘지만은 않다. 무신론의 도전은 유신론자들에게 자신의 신앙을 되돌아볼 계기를 마련해주기 때문이다. 사회주의의 도전이 자본주의를 개선하고 강화한 것과 같은 이치다.

무신론과 유신론은 공동의 적이 있다. 예컨대 논리실증주의는 무신론이나 유신론이나 무의미한 허튼소리를 한다고 치부한다. 무신론자와 유신론자는 전부 열정과 확신으로 뭔가를 '믿는' 사람들이다. 언젠가 열정과 확신이 희미해진 시대에는 무신론자와 유신론자가 가장 친한 '벗'이 되지 않을까.

10 종교에도 지켜야 할 근본이 있다

근대성에 대한 반작용으로 탄생

어감이 좋은 말과 나쁜 말이 있다. 가령 민주주의는 거의 항상 좋은 말이다. 자신의 소속에 따라 어감이 좋기도 하고 나쁜 단어도 있다. 근본주의가 그렇다.

공자는 "근본이 바로 서면 길이 열린다"本立而道生고 했다. '펀더멘털즈'fundamentals는 "그 나라의 경제 상태를 표현하는 데 가장 기초적인 경제성장률·물가상승률·실업률·경상수지 등의 지표"를 의미한다. 우리 속담에는 "사돈을 하려면 근본을 보라"는 말이 있다. 이처럼 근본은 보통 좋은 뜻으로 쓰인다.

그렇다면 종교적 근본주의도 좋은 뜻일까. 근본주의란 무엇일까.

종교적 근본주의는 세계적 현상이다. 이른바 아브라함의 종교라 불리는 유대교·그리스도교·이슬람교뿐만 아니라 힌두교·불교·유교 등 모든 종교에서 근본주의가 생겨났다.

그 이유는 무엇일까. 종교가 없는 곳은 없다. 종교가 있는 곳에 근본주의가 있다. 근본주의의 반대말은 근대주의modernism다. 왼손·

오른손이 있듯이 사람의 생각은 크게 둘로 나뉜다. 어쩌면 근본주의는 인간의 원초적인 본능을 기반으로 삼는지도 모른다. 정치에 여당·야당, 진보·보수, 좌파·우파가 있듯이 종교에는 근본주의와 근대주의가 있다.

종교와 정치는 만난다. 근본주의는 크게 보면 정치적 현상으로 이해할 수 있다. 근본주의는 정치화politicization된 종교다(근대주의 또한 미묘한 형태로 정치화돼 있다). 근본주의자들은 투표에서 테러까지 다양한 방식으로 사회에 영향을 주는 정치세력이다.

근본주의는 역사의 산물이기도 하다. 근대화 이전의 세계는 전통사회로 구성되어 있었다. 전통사회를 이끄는 것은 종교였다. 전통사회에서 종교와 국가, 종교와 정치는 밀착되었다. 오로지 서구만이 르네상스, 계몽주의 시대, 정치혁명, 과학혁명 등을 거치며 전통사회를 벗어나 세속화secularization의 길로 나아갔다.

세속화가 진행되면서 국가와 종교의 연결이 끊어졌다. 오늘날 세계를 이끄는 자본주의와 민주주의는 본질적으로 종교와 무관하다. 민주주의가 종교의 자유를 원칙으로 삼다 보니 국교라는 것은 아예 없어지거나 유명무실해졌다.

이러한 상황 속에서 전통사회의 근간이었던 종교는 근대성에 대한 반작용으로 근본주의를 낳았다. 서구가 비非서구를 압도하면서 시작된 서구화·근대화로 비서구는 땅이 흔들릴 정도의 충격을 받았다. 비서구의 근본주의는 반서구화·반근대화 성격을 띠는 경우가 많다.

니캅(niqab)으로 몸을 감싼 이란 여인.
이슬람교도 여성들이 외출 시 얼굴을 가리기 위해
착용하는 일종의 가리개(veil)다.
히잡(hijab)은 얼굴을 드러내지만
니캅은 눈을 제외한 얼굴 전체를 가린다.

하지만 근대화는 서구에도 충격을 가했다. 서구와 비서구의 보수 성향 신앙인들은 수백 년 동안 지속된 세속화의 결과로 사회가 물질만능주의·쾌락주의·부정의·부도덕성에 휩쓸리게 됐다고 생각한다. 인생의 좌표를 확고하게 제시했던 전통 종교가 흔들리자 사람들이 삶의 의미를 상실했다는 것이다. 이제 사람들은 '인간이란 무엇인가' '인생이란 무엇인가' 같은 질문에 답할 수 없게 됐다.

최초의 근본주의는 19세기 말 20세기 초의 미국 개신교계에서 자유주의 신학의 도전에 대한 반발로 정립되었다. 근본주의자들에게 자유주의 신학을 수용한 근대주의자들의 주장은 '황당함' 그 자체였다. 가령 '아담은 역사적인 인물이 아니다' 「요한복음」은 요한이 쓰지 않았다' '역사적 예수가 한 말은 「요한복음」에 한마디도 없다' '신약성경에 나오는 예수의 기적은 신화다' 같은 주장 말이다.

근대주의자들은 성경에도 모순이 있다고 생각한다. 예컨대 골리앗을 죽인 것은 다윗 또는 엘하난이라는 장수다. 골리앗을 누가 죽였는지에 따라 구약성경은 두 가지 버전이 된다. 근대주의자들은 성경 구절을 글자 그대로만 읽을 게 아니라 그 내용이 과학이나 신이 인간에게 준 이성과 모순되면 은유법으로 이해해야 한다고 주장한다. 그렇게 하는 게 성 아우구스티누스 이래 그리스도교의 전통이라는 것이다. 근대주의적 관점에서 보면, 성경을 글자 그대로 단어의 기본적·일반적 뜻에 따라 읽어야 한다는 '문자주의'文字主義, literalism야말로 전통을 파괴한 것이다.

개신교 근본주의자들은 문자주의를 표방하며 믿음에도 지켜야

종교가 있건 없건 좋은 사람들은 좋은 일을 할 것이요,
나쁜 사람들은 나쁜 일을 할 것이다.
그러나 좋은 사람들이 나쁜 일을 하게 하는 것은 종교다.
·스티븐 와인버그

할 근본fundamentals이 있다고 주장했다. 가장 중요한 신앙적 근거는 성경에는 잘못이 없다는 '성경의 무오성'無誤性, inerrancy이었다.

미국 학계와 언론은 근본주의를 그리스도교뿐만 아니라 세계의 다른 종교를 바라보는 틀로 사용하기 시작했다. 세계의 모든 근본주의 사이에서 상당한 공통점이 발견됐기 때문이다.

근본주의자들은 '황금시대'로 돌아가기를 꿈꾼다. '황금시대'는 순수한 신앙의 시대다. 굳건한 신앙 덕분에 나라나 제국은 전성기를 구가했다. 다윗과 솔로몬 시대의 이스라엘이 대표적인 예다.

정치가 양극화된 사회에서 위력

근본주의자들은 세상을 선과 악이라는 이분법으로 보는 경향이 있다. 그들은 사탄 같은 악의 세력의 존재를 의식한다. 따라서 불관용·편협성을 꽤 자주 드러낸다. 근본주의자들은 신앙의 해이로 사람들이 도덕적인 타락에 빠졌다고 본다.

그들은 무신론이나 비근본주의 교파·교단·종파 때문에 이 세계가 악의 길에 접어들었다고 공격한다. 그들에게는 지켜야 할 가치가 있다. 낙태 허용이나 LGBT레즈비언·게이·양성애자·트랜스젠더 운동 옹호는 절대 용납할 수 없다. 그들은 줄기세포 연구 같은 생명의 조작에도 반대한다. 전통사회는 가부장적이었기 때문에 전통사회에 뿌리를 둔 근본주의도 가부장적인 성향이 강하다.

근대주의자들은 근본주의자들이 '피포위'被包圍 의식'siege mentality에 사로잡혔다고 주장한다. '피포위 의식'은 적들에게 항상 둘러싸

여 있다고 믿는 강박관념이다. 근본주의자들은 정체성을 지키기 위해 스스로를 세상과 분리한다. 아예 정규 교육도 받지 않고 홈스쿨링을 거쳐 근본주의적인 대학에 진학해 성경 중심의 교육을 받는 사례도 있다.

근본주의가 사회적 논란이 되는 가장 큰 이유는 정치화 politicization 됐기 때문이다. '극과 극은 통한다'는 말도 있지만 우선은 비슷한 것들끼리 통한다. 유유상종類類相從이다.

근본주의자들은 대체로 보수 정당을 지지한다. 근본주의 그룹은 구성원이 수십, 수천에 불과한 경우부터 수백만 명에 이르기까지 세력화의 정도가 다양하다. 근본주의자가 뭉치면 힘이 생긴다. 단한 표 차이로 당락이 결정되는 게 선거다. 특히 정치가 양극화돼 있는 경우 근본주의 유권자는 막강한 파괴력을 발휘한다.

미국에서 수적으로나 문화적·역사적으로 가장 중요한 종교는 그리스도교다. '선민의식'으로 무장한 그리스도교인들은 신이 미국에 특별한 사명을 부여했다고 믿었다. 하지만 미국이 '기독교 국가'라는 것은 허구에 가깝다. 국가와 종교의 분리 때문이다. 어쩌면 근본주의자들은 이 사실을 알아채지 못했는지도 모른다. 정교분리가 국가와 그리스도교 모두에 좋은 시절도 있었지만 이 때문에 사회는 빠르게 세속화되었다. 미국의 근본주의자들은 뒤늦게 이를 깨닫고 자신들이 믿는 가치를 지키기 위해 정치화했다.

민주주의 환경에서는 근본주의도 선거정치의 규칙을 지켜야 한다. 문제는 수적으로 열세해 선거정치에 영향력을 행사할 수 없거나 정치환경이 권위주의나 독재인 경우다. 그런 경우 근본주의는 과격화·급진화·폭력화의 길을 갈 가능성이 크다. 테러와 결합하는 것이다.

개신교 근본주의나 이슬람 근본주의의 공통점은 신앙인들이 '신의 전사'로 나선다는 것이다. 그들은 세상과 십자군 전쟁을 벌이는 중이다. 이런 호전성에도 근본주의는 테러주의와 동의어가 아니다. 근본주의자 가운데 일부가 테러와 결탁했을 뿐이다. 대부분 무슬림은 테러와 무관한 평화로운 삶을 살고 있지만 2001년 9·11테러 이래 상당수 비이슬람권 사람들은 이슬람을 테러와 동일시하기 시작했다.

하지만 이슬람주의로도 불리는 이슬람 근본주의에 영양분을 제공하는 것은 서구화 거부, 이민 문제, 이스라엘-팔레스타인 분쟁 같은 복잡한 정치적·국제정치적 문제들이다. 즉 이슬람 자체에 폭력성이 내재된 것은 아니라고 볼 수 있다.

구약성경의 신은 민족주의적인 신이다. 세계화가 가속화되고 있는 세상을 사는 현대인의 감각으로는 이해할 수 없는 부분도 있다. '그래서 안 믿는다'는 사람이 무신론자라면 '그런데도 믿는다'는 사람이 근대주의자다.

성경에 일부 오류나 이해할 수 없는 내용이 있다는 것은 근대주의자에게 중요하지 않다. 일부 학자는 사도 바울이 게이였을 가능성을 제기한다. 근대주의자는 어떤 식의 해석에도 개의치 않는다. 그들은 '예수는 육신으로 부활한 게 아니라 우리 마음속에서 부활한 것이다'라는 식의 합리적인 해석의 가능성을 열어둔다.

새 정신은 새 시대에 있다. 새 시대의 정신에 몸을 던지란 말이다.
그것이 정말 혁명이다. 그것이 정말 종교다.
참종교는 참전쟁이요, 참싸움은 참종교다.
참종교에 참여하면 참사람이다.
·함석헌

이분법적 사고, 편협성의 한계

빵 다섯 개와 물고기 두 마리로 5,000여 명을 먹이고도 남은 빵이 열두 광주리에 가득 찼다는 오병이어五餠二魚의 기적에 대해서도 근대주의자들은 합리적인 설명을 제시한다. 신은 인간에게 식량을 풍성하게 베풀지만, 인간은 자신만 가지려고 하기 때문에 늘 부족하다는 것이다. 따라서 가난은 신 때문이 아니라 인간의 이기심 때문에 발생한다.

일부 근대주의자는 이런 해석이 '전통적' 해석보다 낫다고 생각한다. 근본주의자들은 이를 납득할 수 없다. 그들에게 근대주의자와 무신론자는 기적을 믿지 않는다는 점에서 한통속이다.

남을 이해하는 것은 지극히 어렵다. 공감 능력을 확보하려면 꽤 많은 독서·사색·훈련이 필요하다. 근본주의자가 근대주의자를, 근대주의자가 근본주의자를 이해하는 것은 힘들다. 상대방에 대한 오해도 있고 '신화'도 있다. '근본주의자는 무식하다' '그들은 신정神政 경찰국가를 꿈꾼다'는 식의 인식은 근본주의자들에게 허무맹랑한 헛소리일 뿐이다. 근본주의자들은 학계와 언론 매체를 장악한 근대주의자들에게 자신들이 일방적으로 두들겨 맞고 있다고 느낄 수 있다.

근본주의의 눈으로 근본주의를 볼 필요가 있다. 근본주의에 대한 일반적인 인식에도 문제가 있다. 근본주의는 매우 다양하다. 단일한 틀로 세상의 모든 근본주의를 재단할 수 있는지 의문이 들 정도다. 폭력을 사용하는 근본주의와 그렇지 않은 근본주의, 이슬람국가IS

와 개신교 근본주의를 같은 범주로 묶을 수 있을까.

많은 학자는 근본주의 간에 '가족유사성'[family resemblance]이 있다고 주장한다. 근본주의라는 같은 식구끼리는 서로 닮았다는 것이다. 간혹 억지로 끼워 맞춘 듯한 경우도 있다. 예컨대 어떤 학자들은 일본의 불교계 신흥종교를 개신교 근본주의에 상응하는 것으로 해석한다.

근대주의는 근본주의를 반지성주의[anti-intellectualism]의 아성처럼 여긴다. 근본주의자들은 '무식해서' 진화론을 이해하지 못한다는 것이다. 연구 결과에 따르면 근본주의자들도 진화론을 이해한다. 그들은 생명의 기원에 대한 '성경적' 시각에 찬성할 뿐이다. 근본주의자들 또한 비합리적인 게 아니라 이성적·논리적이다.

근본주의가 근대성을 무조건 반대하는 것도 아니다. 적어도 선별적으로 수용한다. 그들의 신앙에 어긋나는 현대문화의 일부 측면만 반대하는 것일 뿐이다. 그들도 목적을 위해 사회관계망서비스와 정보기술[IT]을 활용한다.

근대주의 종교에 전혀 잘못이 없다고 할 수 없다. 근대주의적 신앙은 근본주의자들이 보기에 미지근하다. 근대주의는 열정과 확실성을 추구하는 사람들을 만족시키지 못한다.

종교의 역사에서 근본주의와 근대주의를 두부 자르듯 나누기 힘들다. 그리스도교의 경우, 교회가 타락하거나 매너리즘에 빠졌을 때 성인들이 등장했고 새로운 수도원운동이 부흥했다. 성 프란치스코나 루터도 어떤 의미에서는 근본주의자들이었다.

관용이나 다원주의를 강조하는 근대주의가 또 다른 형태의 근본주의로 변질될 수 있다. 아我가 비아非我보다 우월하고 비아는 편협하다고 생각하는 무신론이나 세속주의 또한 근본주의의 일종이다. 관용의 나라인 프랑스가 여성 복장 등 이슬람의 상징물을 통제하려고 한다. 이야말로 '세속적 근본주의'의 민낯이 드러난 것은 아닐까.

폭력화하지 않으면 탄압받을 일도 없어

한국의 근본주의는 상황이 어떠한가. 우리나라는 근본주의가 눈에 잘 띄지 않는 나라다. 왜일까. 조선은 유교 근본주의의 나라였다. 조선에는 '머리는 잘라도 머리카락은 자를 수 없다'고 저항하는 유교인들이 있었다.

국가와 교회가 서로 분리되어 이중구조인 서구와 달리 조선에서 국가와 유교의 관계는 일체형에 가까웠다. 따라서 유교적 국가의 붕괴는 곧 유교의 붕괴였다. '유교 근본주의'가 싹틀 환경이 조성되지 않았다. 다른 나라에서 근대성에 대한 반격으로 그리스도교 근본주의가 등장한 것과는 사뭇 다르다.

하지만 우리나라 그리스도교는 교육·의료 등 근대의 산물과 함께 들어왔다. 미국과 달리 우리나라에서 근본주의는 소수가 아니라 다수였고 좋은 뜻으로 받아들여졌다. 한편 조선 시대에 탄압받던 불교는 종교의 자유라는 근대성 덕분에 급성장했다. 한국에서는 근대성과 종교가 마찰하지 않았다.

20세기 초 미국 근본주의자들은 근대주의자자들에게 패배했다.

종교는 보통 사람들을
조용하게 하는 아주 좋은 수단이다.
·나폴레옹 보나파르트

1911년 부처님오신날을 맞아 양산 통도사 영산전 앞에 모신 괘불.
조선 시대에 탄압받던 불교는
종교의 자유라는 근대성 덕분에 급성장했다.

사람들은 근본주의가 사라질 것으로 예측했지만 1970년대부터 다시 세력을 확장하기 시작했다. 예측이 잘 맞지 않는 게 종교의 미래다.

얄궂게도 근본주의는 세속적인 민주주의 사회의 희생자이자 수혜자다. 종교의 자유, 종교적 다원주의를 후원하는 민주주의는 근본주의를 보호한다. 국가는 폭력화되지 않고 민주주의적 법적 질서의 테두리 안에 머무는 근본주의를 탄압하지 않을 것이다.

종교의 미래와 근본주의의 미래를 분리해 생각할 수 없다. 무신론 같은 '근본주의적 세속주의'는 근본주의와 근대주의를 분리해 고려하지 않는다. 둘 다 사라질 것으로 본다. 근본주의를 포함해 종교를 치료해야 하는 일종의 질병으로 간주하는 학자들도 있다. 근본주의와 근대주의는 한 배를 탔다.

주위에서 익숙하고 편안한 것들이 사라지고 있다고 느낀 적이 있는가. 근대화는 익숙하고 편한 것들을 사라지게 했다. 인공지능^{AI} 시대, 산업혁명 4.0시대에도 마찬가지일 것이다. 그럴 때 사람은 어떻게 반응하는가. 아마도 새로운 근본주의와 새로운 근대주의가 등장할 것이다.

'진리는 하나'라는 말은 '내가 믿는 것만 진리'라는 뜻이 될 수도 있고 '우리 모두 진리를 공유한다'는 뜻이 될 수도 있다. 미래의 근본주의·근대주의는 '진리는 하나'라는 말을 어떻게 해석할 것인가.

11 온건하면서도 극단적인 종교 자이나교

계율생활과 불살생, 고행 실천 중요시

비교종교학·비교정치학의 방법 가운데 하나는, 가장 닮았거나 가장 달라 보이는 대상을 비교하는 것이다. 비교를 통해 의외의 진실을 발견할 수 있다.

예컨대 아프리카는 한국과 상당히 달라 보이지만, 한국 유교와 아프리카 종교는 '하늘'과 조상숭배라는 공통분모가 있다. 또 아프리카와 한국 정치문화의 공통점은 '기수期數 문화'다. 이처럼 가장 달라 보이는 것들 속에도 공통점이 있다.

반대로 비교해도 흥미로운 사실이 드러난다. 가장 닮아 보이는 것들을 비교하면 근본적인 차이가 드러난다. 예컨대 자이나교는 불교의 '쌍둥이 형제·자매 종교'처럼 보인다. 하지만 자이나교와 불교 사이에는 상당한 이질성이 있다(마찬가지로 가톨릭과 개신교는 같은 그리스도교이지만 관점에 따라 전혀 다른 종교로 이해될 수 있다. 반대로 가톨릭과 개신교를 비교하면 그리스도교의 본질이 드러날 수도 있다).

자이나교의 뿌리는 기원전 3000년경으로 거슬러 올라가지만, 오늘날의 형태로 정립되기 시작한 것은 불교와 비슷한 시기인 기원전 6세기 무렵이다. 자이나교 신자들은 자이나교의 가르침이 언제나 존재해왔다고 주장한다(자이나교의 어원인 '지나'는 '승자'라는 뜻이다).

6세기는 인도 카스트 사회에서 일부 크샤트리아^{왕족과 무사} 계급이 브라만^{승려} 계급에 반기를 든 시기였다. 부처와 마하비라는 그 선봉에 선 양대 종교 혁명 지도자다. 자이나교는 불교와 마찬가지로 비^非브라만 계통의 무신론적 종교다. 그리스도교가 '섭리의 종교'라면 자이나교와 불교는 '업^業의 종교'다.

자이나교의 '사실상 창시자'인 마하비라의 삶은 부처의 삶과 여러 면에서 닮은꼴이다. 동시대에 같은 지역에서 활동한 마하비라와 부처가 사실은 동일 인물 아니냐는 의심이 제기됐을 정도다(우연인지 모르겠으나 마하비라의 아버지 이름은 싯다르타다).

어느 쪽이 연상인지에 대해서는 이론이 있다. 둘이 다른 시대에 살았다는 견해는 소수설이다. 둘 다 깨달음을 이룬 후에는 인도의 왕국과 도시들을 여행하며 가르침을 설파했다. 비전문가들은 불상과 마하비라상을 구분해내는 것이 쉽지 않을 정도로 이 두 종교는 닮아 있다.

마하비라는 '위대한 승자' '위대한 전사' '위대한 영웅'이라는 뜻이다. 불교에서는 이를 대웅^{大雄}이라고 옮기기도 한다. 마하비라의 어릴 적 이름은 바르다마나^{증장增長, 성장하게 하는 자}였다. 그가 태어났을 무렵 그의 아버지가 다스리던 왕국이 한창 번창하고 있었기 때문에 붙여진 이름이다.

자이나교 성지 스라바나벨라골라 나신상의 사진.
자이나교의 뿌리는 기원전 3000년경으로
거슬러 올라가지만, 오늘날의 형태로 정립되기 시작된 것은
불교와 비슷한 시기인 기원전 6세기 무렵이다.

마하비라는 일종의 '선지자'인 티르탕가라,'완전한 존재', 구원자라는 뜻 24명 가운데 마지막 티르탕가라다. 티르탕가라들은 900만 년에 걸쳐 등장했다(모든 종교는 대체로 원래 '뻥'이 좀 세다). 23대 티르탕가라인 파르슈바는 마하비라보다 약 250년 전에 살았다. 그는 폭력 금지, 진실하기, 절도 금지, 소유 금지를 '4대 서원'으로 제시했다. 마하비라는 '섹스 금지'를 추가했다. 불교의 오계와 비슷하다. 파르슈바와 마하비라 이외의 티르탕가라들이 실존인물이었다는 증거는 희박하다.

마하비라는 기원전 540년^{현대 종교학의 주장} 또는 599년^{전통적인 주장}에 태어났다. 아버지는 족장이었다. 형이 있었기 때문에 자신이 왕국을 물려받을 처지는 아니었지만 물질적으로 풍족하게 살았다. 30세에 출가해 12년 반 동안 고행하고 명상한 끝에 42세에 해탈을 달성했다. 사라수^{沙羅樹, sal tree} 아래서다.

그는 30년간 제자들을 가르쳤다. 남성 출가자 1만 4,000명, 여성 출가자 3만 6,000명, 남성 재가자 15만 9,000명, 여성 재가자 31만 8,000명으로 구성된 신앙 공동체를 이끌었다. 72세에 사망했다. 자발적인 굶주림이 사인^{死因}이라는 설도 있다. 자이나교에서는 어느 정도 경지에 이른 사람들에 한해 죽음에 이를 수도 있는 자발적인 굶주림을 허용한다.

자이나교와 불교 모두 바라문교의 근본 성전으로 기원전 2000년부터 기원전 1100년에 쓰인 『베다』^{Veda}를 부정한다. 둘 다 지나친 의식주의^{ritualism}에 반대하는데, 특히 동물을 죽여 희생제에 바치는 것을 죄악시한다. 둘 다 엄격한 계율·생활과 불살생不殺生 그리고 고행의 실천을 중요시한다. 불교의 삼보三寶는 불보佛寶·법보法寶·승보僧寶다. 자이나교에도 삼보가 있는데, 정신正信·정지正知·정행正行이다. 양쪽 다 궁극적인 열반涅槃을 목표로 한다.

가장 중요한 교리상의 차이는 업業, karma에 대한 이해다. 불교나 힌두교에서 업은 일종의 '과정'process이다. 자이나교에서 업은 본래 순수한 영혼에 마치 때처럼 달라붙은 불순한 '물질'이다. 일종의 원자原子, atom다. 자이나교는 인도 최초로 원자론을 전개한 학파이기도 하다. 업은 인간 행동의 결과로 생성된다. 참회와 고행으로 업의 유입을 막을 수 있다. 물론 정신·정지·정행을 통해 업을 없앨 수도 있다.

세계종교로 성장 못한 것은 온건주의 때문

불교와 달리 자이나교는 영혼이 영원불멸永遠不滅이라고 믿는다. 마하비라에게 영혼이란 무엇이었을까. 그는 "어떤 사람이 '나'我, I라고 이해하는 게 영혼이다"라고 말했다.

자이나교에서 본래 상태의 영혼은 완벽한 인식, 지식, 행복, 권력을 지닌 것으로 이해된다. 하지만 업 때문에 인간은 하늘, 인간 세상, 동물 세상, 지옥에서 태어나는 것이다. 자이나교의 가르침을 실천하기 전의 인간은 마치 '영적인 잠'을 자는 것과 같다.

한편 불교와 달리 자이나교의 영혼관에는 애니미즘animism과의 친연성親緣性이 있다. 애니미즘은 "자연계의 모든 사물에는 영적·생

> 그것을 위해 죽는 사람이 있다고 해서
> 그것이 반드시 옳은 것은 아니다.
> ·오스카 와일드

명적인 것이 있으며, 자연계의 여러 현상도 영적·생명적인 것의 작용으로 보는 세계관 또는 원시 신앙"이다.

비슷하면서도 사실은 매우 다른 두 종교의 가장 두드러진 '현실적인' 차이점은 신자 수다. 종교 인구만큼 부정확한 게 없다. 불교 인구는 최대 5억 명으로 추산된다. 자이나교 인구는 500만 명이다. 활발한 포교활동을 통해 불교는 세계종교가 됐다. 자이나교는 세계로 팽창하지 못했다. 자이나교를 믿는 이민자 공동체가 해외에 있기는 하지만 자이나교의 교세는 인도 내부에 한정돼 있다. 반대로 불교는 현대 인도에서 세력을 형성하지 못하고 있다. 자이나교는 인도에서 '무시할 수 없는 소수'다. 왜 이런 차이가 생긴 것일까. 답을 구하는 데 '모순어법'을 이해하는 게 도움이 될 수 있다.

표준국어대사전은 모순어법矛盾語法, oxymoron을 "수사법에서, 의미상 서로 양립할 수 없는 말을 함께 사용하는 일. 이를테면 '소리 없는 아우성'"이라고 정의한다. '보수적 진보주의'가 좋은 예다. 모순어법을 잘못 사용하면 세간의 웃음거리가 되기 쉽다. 반대로 잘만 쓰면 심오한 내용을 전달하는 언어 수단이 될 수 있다.

자이나교는 '온건적인 극단주의'를 실천해온 종교라고 볼 수 있다. 내부를 들여다보면 자이나교는 교리와 실천의 측면에서 극단적radical, extreme이다. 하지만 다른 종교에 대해서는 지극히 온건하다. 자이나교의 대외적 온건성은 철저한 내부적 실천에서 나온다. 극단주의는 폭력을 연상시킨다. 하지만 자이나교는 역사 속에서 극단적으로 평화와 비폭력을 추구했다. 왜냐하면 폭력이 무지와 함께 가장 심각한 카르마의 축적 원인이기 때문이다.

실천적 극단주의 덕분에 자이나교는 인도의 힌두교라는 거대한 종교적 대양大洋 속에서 생존했다. 철저함 덕분에 힌두교로 흡수되지 않았다. 하지만 같은 이유에서 세계 종교가 될 수는 없었다.

'세계종교 시장'에서 살아남으려면 전쟁을 불사해야 한다. 자이나교의 온건주의와 관용주의는 전쟁을 피한다. 언뜻 알쏭달쏭하게 들리는 이 설명을 풀어가 보자.

'극단적' 채식주의와 무소유

자이나교는 어떤 의미에서 극단적일까. 인도는 '종교 백화점'이다. 고대부터 무신론, 다신론, 일신론이 발전해왔다. 자이나교는 인도 종교 중에서 가장 금욕적인 종교로 평가된다. 해탈을 위해 부처가 택한 길은 중도中道였다. 반면 마하비라는 극단을 선택했다. 자주 단식을 했고 잠은 세 시간밖에 자지 않았다.

자이나교에서 가장 중시하는 것은 비폭력이다. 자이나교는 비폭력주의를 완성했으니 어쩌면 더 이상 나올 게 없을지도 모른다. 마하비라는 심지어 어머니 뱃속에 있을 때조차 발길질하지 않았다는 전설이 전해진다. 간디의 비폭력주의에 가장 큰 영향을 준 것도 자이나교다. 인도 시인·사상가 라빈드라나트 타고르Robindronath Thakur, 1861~1941에게도 영향을 미쳤다.

자이나는 '승자를 따르는 사람'이라는 뜻이다. 승자는 전쟁을 연상시킨다. 이는 피 흘리는 전쟁이 아니라 마음속에서 증오·욕심·이

교황이 보유한 사단은 몇 개인가.
·이오시프 스탈린

입에서 불을 내뿜는 의식을 선보이고 있는 시크교도.
인도 시크교의 10대 구루(지도자)인
고빈드 싱 탄생일을 앞두고 잠무 지역에서 열린
종교행사 모습이다.

기심·욕망과 싸우는 전쟁이다. 마하비라는 "분노는 더 많은 분노를 낳고, 용서와 사랑은 더 많은 용서와 사랑을 낳는다"고 말했다.

자이나교의 불살생은 불교보다 더 극단적이다. 자이나교는 생명에 해를 끼칠 수 있는 직업에 종사하지 않는다. 땅을 파다가 벌레들을 해칠 수도 있기 때문에 농부가 되지 않는다. 벌목과 관련된 목공업도 피한다. 그래서 많은 자이나교 신자가 상업·금융업·예술·교육 등의 분야에서 일한다.

자이나교 신자들은 채식주의를 실천한다. 채식은 "고기류를 피하고 주로 채소, 과일, 해초 따위의 식물성 음식만 먹는 것"을 의미한다. 그렇다고 자이나교 신자들이 모든 식물성 음식을 먹는 것은 아니다. 과일·강황·생강·견과류·우유 등은 먹지만 감자·마늘·무 같은 뿌리채소, 무화과, 꿀 등은 먹지 않는다.

자이나교의 엄격한 채식주의는 불교와 힌두교에도 영향을 미쳐 채식주의가 인도 사회에 보편적으로 수용되는 데 큰 역할을 했다. 동물을 희생제물로 바치는 예식도 자이나교 때문에 명분을 잃고 차츰 사라졌다.

자이나교는 무소유無所有를 극단적으로 실천한다. 마하비라는 옷을 벗어 던지고 알몸으로 살았다(온 우주가 그의 옷이니 굳이 옷을 입을 필요가 없었다). 출가 후 첫해에는 단벌로 다녔는데 나중에는 그마저 버렸다고 한다. 당연히 신발을 신지 않고 맨발로 걸어 다녔다(오늘날 자이나교 출가자들은 차량을 이용하지 않는다).

마하비라는 걸식乞食에 필요한 그릇마저도 소유하지 않았다. 손

> 종교란 어떤 사람이 혼자일 때 하는 일이다.
> ·알프레드 화이트헤드

바닥에 물과 음식을 받아먹었다. 초기 자이나교에서 마하비라의 말은 구전 형식으로 경전화됐다. 책을 소유하는 것마저도 무소유의 정신을 위배하는 것이라고 생각했기 때문이다. 문서화되기 시작한 것은 기원전 4~5세기부터다. 자이나교는 사람은 뭔가를 가질수록 불행하고 죄를 지을 가능성도 커진다고 본다.

자이나교는 철학이나 교리 때문에 분열되는 일이 상대적으로 드물었다. 그러나 출가자들의 규율이 문제가 됐다. '무소유를 어느 정도까지 실천해야 하는가'라는 문제는 기원전 3세기 또는 4세기에 자이나교의 분열을 초래했다.

우주는 영원하며 창조되지도 않는 것

'공의파'空衣派, 디감바라는 옷을 거부했으며 여성은 해탈할 수 없기 때문에 해탈하려면 일단 남성으로 태어나야 한다고 주장했다(여성의 성불 문제를 둘러싼 논란은 불교에서도 발생했다). 공의파에 따르면 여성은 알몸으로 살아가는 게 힘들 뿐만 아니라 본질적으로 해로운 존재다.

'백의파'白衣波, 슈베탐바라는 간단한 옷 세 벌 정도는 허용해야 한다고 주장했다. 백의파는 여성을 '차별'하지 않았다. 공의파에 따르면 마하비라는 미혼이었다. 아버지의 종용에도 결혼을 거부했다는 것이다. 그러나 백의파는 그가 결혼해 딸을 한 명 뒀다고 본다.

자이나교는 어떤 의미에서 온건할까. 우선 자이나교 신자들은 일반적으로 인도의 카스트 제도를 받아들인다. 힌두교 축제를 차용했으며 힌두교 문헌을 포함해 방대한 양의 텍스트를 수집해 보존했다.

자이나교 신자들은 인도 최고最古의 도서관들을 건립했다. 금욕주의라고 하면 철학이나 책과 상대적으로 멀 것 같지만 자이나교는 그렇지 않다는 것을 보여줬다. 우리나라 선불교가 교종만큼이나 문헌을 중시해온 것과 마찬가지다.

자이나교는 인도의 철학·언어학·논리학·수학·천문학·건축·예술 등의 분야에서 불교보다 더 많은 유산을 남겼다. 역사적으로 자이나교는 '다원주의'를 신앙 속에서 실천했다. 인도 바깥에서는 자이나교·힌두교 신자들이 같은 사원을 공유한다.

다른 종교에 대한 자이나교의 온건하고 관용적인 태도는 마하비라가 가르친 '비절대주의의 원칙'非絶對主義, 아네칸타바다에서 나온다. 다양한 관점에 따라 진리와 현실이 다르게 보인다는 가르침이다. 그 어떤 단일한 견해도 절대적인 진리를 대표하지 않는다는 것이다.

자이나교는 진리의 다면성·상대주의·다원주의를 표방하기 때문에 다른 종교를 비판하지 않으며 타 종교에 대한 경쟁의식이 없다(그러나 역사를 살펴보면 자이나교와 불교는 치열한 논쟁을 통해 발전했다. 서로 상대편을 조롱하는 경우도 종종 있었다). 폭언·갑질은 당연히 안 된다. 자이나교는 '사실'事實, fact마저도 함부로 이야기하지 말라고 가르친다. 남의 마음에 상처를 입히지 않기 위해서다.

자이나교 신자들은 어떤 사람들일까. 그들은 주로 인도의 중부와 서부에 산다. 비핵화 운동, 동물실험 금지에 열심이며 매일 48분씩하루의 30분의 1 명상한다. 우주와 하나가 되기 위해서다. 그들은 매달

두 번 단식하고 자신의 죄를 공개적으로 고백한다.

자이나교는 용서와 우의의 종교다. 자이나교 신자들은 "나는 모든 생명에게 용서를 구합니다. 그들 모두 나를 용서하고, 내가 그들 모두와 친교를 맺을 수 있기를 빕니다"라고 기도한다. 자이나교는 무신론이기에 그리스도교의 주기도문과 달리 기도에 신이 빠져 있다. 그들은 우주는 영원하고 창조된 것이 아니라고 보기 때문에 신이 필요 없다.

자이나교는 인간이 스스로 완벽해질 수 있다고 확신하는 종교다. 불교와 마찬가지로 자이나교는 "깨달은 인간은 신보다도 위대하다"고 주장한다.

"스스로를 정복한 사람은 위대한 영웅"

'불교!' 하면 생각나는 대표적인 용어로 선문답禪問答이 있다. 선문답이란 무엇인가. 표준국어대사전은 선문답을 "① 참선하는 사람들끼리 진리를 찾기 위해 주고받는 대화, ② 주어진 문제와는 상관없이 한가로이 주고받는 이야기를 놀림조로 이르는 말"이라고 정의한다.

일반인이 이해하기에 선문답은 알쏭달쏭하다. 생활인들이 참선수행자들의 말을 어찌 쉽게 알아들을 수 있겠는가. 게다가 우리나라 불교는 남방불교보다 약간 어렵다고도 볼 수 있는 선불교다.

선불교는 비非신자들뿐만 아니라 불자들에게도 어려울 수 있다. 어떤 할머니는 불교에서 개신교로 개종했다. 절을 수십 년 다녔는데도 불도를 이해하지 못했는데 처음 가본 교회에서 듣는 설교는 쉽게 이해됐기 때문이었다고 한다.

과연 그럴까. 불교는 어렵고 개신교는 쉬울까. 아니다. 쉽다면 둘다 쉽고, 어렵다면 둘 다 어렵다. 불교도 그렇고 그리스도교도 그렇고, 원래 출발 선상에서는 모든 종교가 쉽다. 쉬워야만 한다. 일반 대중이 쉽게 이해할 수 없는 종교는 생존 자체가 불가능하기 때문이다. 수백 년, 수천 년 흐르다 보니 어려운 구석이 더 많이 생겨났을 뿐이다.

다종교 사회에서는 종교 간 이동이 활발하다. 가령 불교에서 그리스도교로, 개신교에서 가톨릭으로, 가톨릭에서 불교로 이동하는 식이다. 믿을 수 있는 뭔가를 희구하는 사람들은 믿음의 터전을 옮긴다. 전 세계적인 현상이다. 유럽과 미국에서는 그리스도교에 불만을 품었거나 아쉬움을 해결하지 못하는 사람들이 불교에 귀의한다.

그중 일부는 선문답에 열광한다. 예를 들어 "한 손으로 손뼉을 칠 때 나는 소리는 어떤 소리인가?"What is the sound of one hand clapping?라는 화두에 묘한 끌림을 느낀다. 과학의 세례를 받은 유럽과 미국의 '초보 불교도'는 아무래도 '이성적'인 답을 내놓을 것이다. 예컨대 이렇게 말이다. "한 손으로 손뼉을 칠 때 나는 소리는, 손과 귀의 상대적 크기와 거리에 달렸다."

서구에서는 지식인뿐만 아니라 일반인도 불교의 문을 두드리고 있다. 그 가운데 일부는 불교를 '자기계발' 차원에서 수용한다. 그들은 해탈·열반이라는 숭고한 목표 이전에 내 삶을 더 풍요롭게 할 수 있는 대안을 불교에서 발견한다.

우리나라 불자들이 불교를 어려워할 때 서구의 일반인들은 행복과 성공의 비결을 부처님 말씀에서 발견하고 있다. 어떻게 그게 가능할까. 반복하자면, 부처님은 아주 쉽게 말씀하셨기 때문이다. 선

> 나는 내가 힌두교·그리스도교·이슬람교·유대교·불교·유교를 모두 믿는다고 생각한다.
> ·마하트마 간디

2015년 서울 개포동 능인선원에 세워진
38미터 높이의 약사여래불.
국내 최대 불상이자 약사여래불로는 세계 최대다.

문답은 어려워도 부처님 말씀은 대체로 쉽다.

물론 가장 쉬운 게 가장 어렵다.

공자님·부처님 말씀과 관련해 '공자님: 가라사대=부처님: 여시아문如是我聞'이라는 등식이 성립한다. 여시아문은 "모든 불경의 첫머리에 붙은 말. '나는 이와 같이 들었다'라는 뜻으로, 불경이 석가모니에게 들은 내용을 전하는 것임을 밝혀서 불경이 곧 부처의 말이라는 사실을 객관적으로 확증하는 말이다."

불경의 편찬자들은 나름 부처님의 수제자 중에서도 톱클래스 수제자들이었을 것이다. 그들은 이해력이 가장 뛰어난 제자들이었다. 하지만 설왕설래 토론하다 보니 각자 들은 말에서 차이점이 발견됐을 것이다. '나는 이렇게 들었다'는 '나는 이렇게 이해했다'는 말과 같다. 쉬운 말일수록 오해·오류의 가능성이 크다.

"행복에 이르는 길은 없다. 행복 자체가 길이다"

유럽·미국 사람들이 가장 좋아하는 부처님 말씀을 Q&A 형식으로 정리해봤다(가짜 뉴스가 있듯이 가짜 부처님 말씀도 있다. 여기서 소개하는 부처님 말씀 중에는 부처님 말씀이 아닌 것도 포함됐을 수 있다. 하지만 모든 이가 불성을 품고 있으니 모든 이가 하는 말이 곧 부처님의 말씀이기도 하다).

Q 무엇이 영원한가.
A "변화 말고는 영원한 게 없다."

Q 세상은 왜 이렇게 불완전한가.
A "모든 게 얼마나 완벽한지 깨닫는 순간 머리를 뒤로 젖히고 하늘을 향해 웃게 될 것이다."

Q 고통의 본질은 무엇인가.
A "고통의 뿌리는 집착이다."
　 "고통은 확실한 것. 괴로움은 선택하는 것."

Q 집착을 버리려고 해도 내가 가진 것 중에는 아까운 것이 아주 많다.
A "네 것이 아닌 것은 모두 떠나보내라. 멀리 보면 그렇게 하는 게 네게 행복과 이익을 주리니."
　 "날고 싶다면 모든 짓누르는 것을 버려야 한다."

"우리는 우리가 매달리고 있는 것만 잃게 된다."

Q 꿈을 이루려면 무엇이 가장 중요한가.
A "마음이 전부다. 우리는 우리가 생각하는 대로 된다."
　"우리는 생각으로 세상을 만든다."
　"우리의 생각이 우리가 된다. 우리의 느낌이 만물을 끌어당긴다.
　우리 상상이 만물을 창조한다."

Q 인생에서 가장 중요한 몇 가지를 꼽는다면?
A "결국 세 가지만 중요하다. 얼마나 사랑했는가. 얼마나 상냥하게 살
　았는가. 인연이 닿지 않는 것에서 얼마나 우아하게 손을 놓았는가."

Q 무엇이 우리를 해치는가.
A "우리 자신의 경솔한 생각이 최악의 원수보다 우리에게 더 큰 해를
　끼친다."

Q 어떻게 하면 행복해질 수 있는가.
A "사람이 깨끗한 마음으로 말하고 행동하면, 행복이 떠날 줄 모르는
　그림자처럼 그 사람을 따라붙는다."

Q 우주 속에서 잘 존재하는 비결은?
A "존재의 비결은 그 어떤 것도 두려워 하지 않는 것이다."

Q 평화의 길은 어디에 있는가.
A "평화는 네 '안'에 있는 것이니 네 '밖'에서 찾지 말라."

Q 인생에서 승리란 무엇인가.
A "우리 자신을 정복하는 것이 전투에서 1,000번 이기는 것보다 좋다. 나를 이겨야 진정한 승리다. 그 승리는 천사도 악마도 천국도 지옥도 내게서 뺄을 수 없는 승리다."
"자기 스스로를 정복한 사람이 사람 1,000명을 1,000번 이긴 사람보다 훨씬 위대한 영웅이다."

Q 말에는 어떤 다양한 측면이 있는가.
A "잘 짖는다고 좋은 개가 아니듯 말을 잘한다고 좋은 사람이 아니다."
"빈말 1,000마디보다 평화를 주는 한마디가 낫다."
"혀는 날 선 칼 같아 피도 흘리지 않고 사람을 죽인다."
"말하기 전에 스스로에게 물어볼 것 세 가지. 이것은 참인가, 필요한가, 친절한가."
"의견이 있는 사람은 그저 돌아다니며 서로를 괴롭힌다."

Q 실천은 과연 중요한가.
A "아무리 많은 성스러운 글월을 읽고 말한다 할지라도 실천하지 않는다면 아무 소용없다."
"무엇이든지 해볼 만한 가치가 있는 것은 온 마음을 다해 실행하라."

Q 성공한 후에는 어떻게 할 것인가.

A "내게 이미 한 일은 보이지 않는다. 앞으로 할 일이 보일 뿐이다."

　 "떠나는 게 도달하는 것보다 낫다."

Q 부처, 당신은 누구인가.

A "나는 지구상에 나타난 최초의 부처도 아니요 마지막 부처도 아니다. 때가 되면 또 다른 부처가 세상에서 솟구치실 것이다. 그는 지극한 깨달음을 이룬 성스러운 존재다. 행동에 우주를 아는 지혜가 가득한 그는, 사람들의 비할 곳 없는 지도자로 천사와 필멸^{必滅}을 운명 삼아 태어난 모든 이의 주님이 되실 것이다."

Q 어떤 무엇은 또 다른 어떤 무엇을 낳는다. 가장 중요한 '그 무엇'에는 어떤 게 있나.

A "땅에서 보물이 나오듯, 선행에서 덕망이 나오고 순수하고 평화로운 마음에서 지혜가 나온다. 인생살이라는 미로를 안전하게 헤쳐나가려면, 지혜의 빛과 덕망의 안내가 필요하다."

Q 불행한 사람은 왜 불행한가.

A "모든 인간의 불행은 현실을 정면으로 직시하지 않는 데서 나온다."

Q 분노는 사람을 불행하게 한다. 분노를 꺾으려고 해도 쉽지 않다. 분노하고 후회하는 게 사람이다. 분노를 어떻게 해야 할지 도움이

되는 말을 해달라.

A "분노를 붙들고 있는 것은 독을 마시고 나를 분노하게 한 사람이
　죽기를 기대하는 것과 같다."

　"논쟁 중에 분노를 느끼는 순간 우리는 진리를 위한 투쟁을 포기하
　고 우리 자신을 위해 애쓰기 시작한 것이다."

　"분노는 벌 받게 되는 원인이 아니라 벌을 주는 주체다."

　"화난 사람은 화내지 않음으로 이긴다. 사악한 사람은 선함으로 이
　기고, 인색한 사람은 후함으로 이기고, 거짓말하는 사람은 진리를
　말함으로써 이겨야 한다."

Q 우리를 걱정에서 해방시키는 말이 있다면?

A "해결될 문제라면 걱정할 필요가 없다. 해결되지 않을 문제라면 걱
　정하는 것이 쓸데없다."

Q 사랑이란 무엇일까.

A "미움을 멈추게 하는 것은 미움이 아니라 사랑이니. 이것이 영원한
　규칙이다."

　"당신은 온 우주의 그 누구보다 사랑받을 자격이 있다."

　"50명을 사랑하는 사람에게는 50개의 고민이 있고, 아무도 사랑하
　지 않는 사람에게는 아무런 고민도 없다."

　"테두리 없는 사랑을 온 세상으로 발산하라."

　"진정한 사랑은 이해에서 나온다."

"자신을 진정 사랑한다면 결코 타인을 해칠 수 없다."

Q 미움받는 게 사랑받는 것보다 나은 경우도 있는가.
A "우리의 진상眞像 때문에 미움받는 게 우리의 허상虛像 때문에 사랑
　받는 것보다 낫다."

Q 죽음을 어떻게 대처할 것인가.
A "현명하게 산 사람은 죽음조차도 두려워할 이유가 없다."
　"행복에 이르는 길은 없다. 행복 자체가 길이다"

Q 바보와 현인은 어떻게 다른가.
A "게으름은 죽음으로 가는 지름길이요 부지런함은 삶의 길이다. 바
　보 같은 사람은 게으르고 현명한 사람은 부지런하다."

Q 인생에서 무엇이 대표적인 잘못인가.
A "진리를 향한 여정에서는 두 가지 잘못밖에 없다. 끝까지 가지 않
　는 것, 시작조차 하지 않는 것이다."

Q 열반에 도달하는 사람과 도달하지 못하는 사람의 차이는 무엇인가.
A "흔들림 없는 결심으로 팔정도八正道의 길을 가는 사람은 반드시 열
　반에 도달한다."

Q 명상을 하면 좋은 점이 무엇인가.

A "우리가 명상으로 얻을 수 있는 것은 아무것도 없다. 하지만 우리는 명상으로 분노와 걱정거리와 우울함과 불안감, 늙고 죽음에 대한 두려움을 '빼앗길' 수 있다."

Q 운명에 대해 어떻게 생각하는가.

A "나는 사람들의 행위와 무관하게 그들에게 들이닥칠 운명에 대해서는 믿음이 없다. 나는 사람들이 어떤 행위를 하지 않았을 때 그들에게 들이닥칠 운명에 대해서는 믿음이 있다."

Q 인생 최고의 친구는 무엇인가.

A "인생이라는 긴 여정에서 최고의 동반자는 믿음이다."

Q 믿으려고 애써도 의혹이 생긴다.

A "모든 것을 의심하라. 너만의 빛을 찾아라."

"아무것도 믿지 말라. 그것을 어디에서 읽었든 그것을 누가 말했든 따지지 말고 의심하라. 내가 말한 것도 의심하라."

Q 어제·오늘·내일을 어떻게 살 것인가.

A "매일 아침 우리는 새로 태어난다. 오늘 우리가 하는 일이 가장 중요하다."

"과거에 머물지 말고 미래를 꿈꾸지 말라. 지금 이 순간에 마음을 집중하라."

"가장 큰 문제는 우리에게 시간이 남았다고 생각하는 것이다."

"한순간이 하루를 바꿀 수 있고 하루가 인생을 바꿀 수 있고 한 사람의 인생이 세상을 바꿀 수 있다."

Q 행복의 지름길은 무엇인가.

A "행복에 이르는 길은 없다. 행복 자체가 길이다."

"우리가 길 자체가 되기 전에는 그 길을 따라 여행할 수 없다."

"행복을 바란다면 '나'를 버리고 욕망을 버려라. 그러면 행복만 남는다."

"서두르지 마라. 반드시 때는 온다."

Q 기도의 동의어가 있다면?

A "가장 위대한 기도는 인내다."

Q 용서의 동의어가 있다면?

A "모든 것을 이해한다는 것은 모든 것을 용서한다는 것이다."

Q 나를 믿는 것보다는 절대자를 포함해 어떤 타자^{他者}를 믿는 게 효과적·효율적이지 않을까.

A "우리 말고 우리를 구원할 사람은 없다. 우리를 구원할 능력이 있는 사람도 우리요, 우리의 구원을 허락할 사람도 우리 자신이다. 우

리 자신이 구원의 길을 가야 한다."

Q 인생을 대충 살다 보니 이번 생애에서는 기대할 게 없는 것 같다. 다음 생을 기약해야 할까.
A "우리의 과거가 제아무리 무겁다고 한들, 우리는 항상 새로 시작할 수 있다."

Q 나의 때는 언제 올 것인가. 나의 때가 오기는 할 것인가.
A "그 무엇도 서두르지 말라. 때가 되면 '그 무엇'이 반드시 일어난다."

Q 나는 인생의 스승을 아직도 만나지 못했다.
A "배우려는 자가 준비 되면 가르치는 자가 나타날 것이다."

Q 같은 일을 겪고도 사람마다 결과가 다르다. 이유는 무엇인가.
A "반응反應, reaction하지 말고 대응對應, response하라."

Q '불빛'이 강한 이유는 무엇인가.
A "누군가를 위해 등을 켜면, 그 등은 우리가 갈 길도 밝힌다."
  "세상의 모든 어둠도 자그마한 촛불을 끌 수 없다."

Q 자비에 대해 사람들이 하는 오해 중 가장 심각한 것이 있다면 무엇인가.

A "우리 스스로를 포함하지 않는 자비는 불완전하다."

Q 우리 과거의 과오를 어떻게 처리할 것인가.

A "잘못을 기억하는 것은 마음의 짐을 지고 다니는 것과 같다."

'역사적 예수'의 등장

'하늘天을 인격화한 것이 하느님, 하느님을 추상화한 것이 하늘'이라고 할 수 있다. 공자는 쉰 살에 지천명知天命했다. 예수는 30~33세에 공생활公生活을 했으니 30세 전에 하느님의 뜻을 알았을 것이다.

두 분 다 아마도 자신과 하늘·하느님이 뭔가 특별하고도 긴밀한 관계라고 인식했을 것이다. 두 분 모두 역사 속 인물이니 지금 남아 있는 말과 행적을 바탕으로 '역사적 예수' '역사적 공자'로 재구성할 수 있을 것이다.

하지만 어떤 교教가 최종적이라면, '회의'라는 역사학적 방법을 동원한 역사적 예수·역사적 공자 찾기의 성과는 항상 잠정적이다. 두 관점 사이의 충돌은 피하기 어렵다.

그리스도교를 믿는 사람들에게 예수는 인간으로 태어나 인류의 역사 속으로 들어온 하느님이다. 그들의 믿음을 요약한 텍스트 중에는 가톨릭·장로회·루터회·감리회·성공회 등 서방교회에서 중시하는 사도신경이 있다. 늦게 잡아도 4세기 말에는 등장했던 사도신경에서 예수는 이렇게 언급된다.

…하느님의 외아들, 우리 주 예수 그리스도. 성령으로 동정녀 마리아에게 잉태돼 나시고, 본디오 빌라도[Pontius Pilate, ?~36/39] 치하에서 고난을 받으시고, 십자가에 못 박혀 죽으시고 묻히셨으며, 죽음의 세계에 내려가시어 사흘 만에 죽은 자 가운데서 부활하시고, 하늘에 올라 전능하신 하느님 오른편에 앉아계시며, 산 이와 죽은 이를 심판하러 다시 오시리라 믿나이다.

사실 믿기 어려운 '주장'이다. 삼위일체라는 용어를 가장 먼저 사용한 그리스도교의 교부 퀸투스 테르툴리아누스[Quintus Tertullianus, 155~240년경]는 "하느님의 아들이 죽었다. 이를 어떻게 해서라도 믿어야 한다. 터무니없기 때문이다. 그리고 땅에 묻힌 그는 부활했다. 이는 확실하다. 불가능하기 때문이다"라고 말했다. 테르툴리아누스의 이 말을 정리하면 "나는 그것이 터무니없기 때문에 믿는다"[Credo quia absurdum, I believe because it is absurd]가 된다.

테르툴리아누스의 말의 진의를 묻는 말에 교황 베네딕토 16세[재위 2005~13]는 "가톨릭의 전통은 처음부터 이성을 거슬러 믿고자 하는 욕구인 이른바 '신앙주의'[fideism]를 거부했다. '나는 그것이 터무니없기 때문에 믿는다'라는 말은 가톨릭 신앙을 해석하는 공식이 아니다"라고 답했다.

하지만 이성만으로 예수의 말을 믿을 수 있을까. "이해가 안 되면

존 밀레이, 「부모 집에 있는 그리스도」, 1849~50.
그림 한가운데 못에 찔려 우는 아이가 예수 그리스도다.
아이를 달래기 위해 볼에 입을 맞추는 이는 마리아고,
아이의 손을 살피는 이는 요셉이다.

그냥 외워!" 학교 다닐 때 들어본 말이다. 일단 무조건 외우고 나면 신기하게도 이해되는 일을 학창 시절 누구나 한 번쯤 경험해보았을 것이다.

가톨릭 신앙에는 '믿을 교리'가 있다. '믿을 교리'는 이성적으로는, 적어도 처음에는 전혀 이해되지 않지만 교회가 2,000년 동안 믿었던 '진리'들이다. 앞서 언급한 것처럼 가톨릭 신자들은 하느님이 인류를 구원하기 위해 예수라는 사람이 됐다는 것을 믿는다. 하느님이 사람이 돼 인류 역사 속으로 성큼 들어왔다는 것이다.

신약성경에 나오는 인간 예수는 슬퍼했다. 원망하기도 했고 고통스러워하기도 했다. 절망도 했다. 사람은 다 아는 척하지만 사실 모르는 게 많다. '사람 예수'도 다른 모든 인간과 마찬가지로 '최후 심판의 날'이 도래할 날짜처럼 모르는 것이 있었다. 아니면 알면서도 성부聖父에 대비한 자신의 인성人性을 강조하기 위해 모르는 척했을 수도 있다.

계몽주의 시대 이후 '역사적 예수'historical Jesus를 연구하는 사람들이 생겨났다. 그들의 관심은 하느님 예수가 아니라 사람 예수다. 그들은 무시할 수 없는 세력이다. 신학·종교학 등 학술 차원의 논의를 벗어나 대중의 상상력을 자극하기 때문이다.

'역사적 예수 탐구' 운동을 이끄는 존 크로산John Crossan, 1934~ 은 "내가 역사학자로서 '역사적 예수'라 부르는 인물은 내가 그리스도교인으로서 '육신으로 오신 말씀'이라 부르는 인물과 정확히 일치한다. 하지만 나는 예수라는 하나의 인물에 대한 쌍둥이 비전을 절대 혼동하지 않는다"고 말했다.

그럴 듯한 입장 표명이다. 크로산은 '역사적 예수 탐구'를 신학 연구와 별도로 수행해야 하지만 '역사적 예수 탐구'가 신앙을 대체할 수는 없다고 주장한다. 강경한 전통 신앙인들은 크로산의 말에서 경계해야 할 달콤한 유혹을 발견한다.

'역사적 예수' 또는 '역사의 예수'Jesus of history를 연구하는 사람들은 '역사적 예수'와 '믿음의 그리스도'Christ of faith를 분리해 생각한다. 그들은 교회의 도그마에 회의적이다. 그들은 교회가 믿어온 것을 '팩트체킹'fact-checking하겠다는 관점을 취한다. '믿음의 그리스도'는 삼위일체 교리 같은 '믿을 교리'와 관련된 것이다. 반면 '역사적 예수'의 연구 대상은 '100퍼센트 인간 예수'다. 예수는 인간으로서 33년 동안 이 땅, 즉 지구의 한 모퉁이인 팔레스타인에서 살았다.

'믿음의 그리스도'는 역사를 초월한다. 코스모스적Cosmic 존재다. 하지만 '역사적 예수'는 다른 모든 인간과 마찬가지로 그에 대한 전기傳記, biography를 쓸 수 있다. 예수 전기 쓰기는 18세기 말에 시작된 '역사적 예수 탐구 운동' 제1기의 핵심적인 활동이었다.

신약성경의 '모순점'에서 출발

칭기즈칸·링컨·처칠·이순신 등 역사적 인물에 대한 전기를 쓰려는 작가나 사학자는 어떻게 집필에 착수할까.

일단 자료를 모을 것이다. 자료 중에서 신빙성 있는 내용과 그렇지 않은 내용을 추릴 것이다. 그런 다음 나름대로 '이게 아무개의

좋은 일을 하면 기분이 좋다.
나쁜 일을 하면 기분이 나쁘다. 그게 내 종교다.
·에이브러햄 링컨

가나(Cana)에 있는 13인물을 나타내는 바위 부조(浮彫).
예수가 혼인잔치에서 마리아의 요청으로
돌항아리 물을 포도주로 만드는 기적을 행한 곳이
가나다. 가나에는 지금도 초대교회 동굴,
혼인잔치를 상징하는 조각 등이 남아 있다.

본모습'이라는 주장을 펼칠 것이다. 주로 신약성경을 중심으로 한 '역사적 예수' 재구성도 같은 과정을 거친다.

'역사적 예수'의 추적자들은 신약성경에서 많은 모순점을 발견한다. 전혀 앞뒤가 맞지 않는 부분이 많다는 것이다. 그들은 그러한 어딘가 '이상한' 부분을 파헤쳐 '역사적 예수'를 재구성한다.

정통 신앙인들은 성경에서 드러나는 '메시아 예수' '주님이신 예수' '구세주 예수' '하느님의 아들 예수' '인간의 아들 예수' '하느님이신 예수' 사이에서 아무런 모순을 발견하지 못한다. 모든 게 다 수미일관首尾一貫을 이루며 무리 없이 착착 이해가 된다. 그래서 정통 신앙인들이 보기에 '역사적 예수'를 연구하는 사람들의 주장은 말도 안 된다. 실제로 그들의 주장은 다음과 같이 서로 상충되는 경우가 많다.

· 예수는 아예 존재하지 않았다. 그는 신화적 가공인물이다. 그의 삶은 근거가 없다. 당대 그리스·로마 기록에 나오지도 않는다. 고고학적 근거도 없다.
· 예수는 나자렛에서 태어났다. 베들레헴에서 태어난 게 아니다. 이집트에도 가지 않았다.
· 예수는 다윗왕의 후손이 아닐 가능성이 크다.
· 예수는 '왕이 되려고 한' 사회혁명가 또는 독립운동가였다. 그는 민중봉기를 시도하다가 실패했다. 아니면 정반대로 예수는 공자나 소크라테스 같은 위대한 인류의 '윤리적 스승'이었다. 영적인

잘 사는 사람이 잘 전도하는 사람이다.
· 미겔 데세르반테스

문제에 치중했을 뿐 정치나 사회에는 관심이 없었다.

· 예수는 하느님 나라가 도래할 것임을 믿으라고 했을 뿐 자신을 믿으라고 하지 않았다.

· 로마제국이 예수를 처형한 것은 종교적인 이유 때문이 아니라 그를 테러리스트라고 판단했기 때문이다.

· 예수가 말한 하느님의 나라는 '사람이 죽어서 가는 곳'이 아니라 '우리가 살고 있는 이 땅으로 오는 나라'다. 교회가 하느님 나라에 대한 인식을 왜곡했다.

· '예수 운동'의 핵심인 하느님 나라의 저작권은 세례자 요한에게 있다. 예수는 세례자 요한이 사망하고 나서 세례 운동을 승계했을 뿐이다.

· 예수는 당시 유대 사회에서 주변적인 인물이었다. '예수 운동'을 세계적인 운동으로 성공시킨 것은 사도 바울이다.

· 예수가 행한 대부분 기적은 일어나지 않았다.

· 신약성경에 나오는 예수의 말과 행적은 대부분 '가짜'다.

· 예수는 마술사였다.

· 예수의 사상은 견유학파犬儒學派와 일맥상통한다.

· 예수는 부활하지 않았다. 부활했다면 상징적인 의미로 신앙인들의 '마음속'에서 부활했다.

· 예수에겐 적어도 형제가 네 명 있었다(개신교에서는 별문제가 되지 않는 주장).

· 예수는 무덤에 묻히지 못했다.

> 사람들은 종교를 경멸하고 미워하면서도
> 혹시 종교가 참은 아닐지 두려워한다.
> · 블레즈 파스칼

예수가 십자가를 지고 가던 중 손을 짚었다는 벽.
예루살렘 구(舊)도시 안의 시장 길에 있다.

- 예수는 '파티광'^{party狂}이었다. 술을 좋아했기에 하느님의 나라가 오기 전까지는 술을 마시지 않겠다는 '금주 선언'을 했다.
- 예수는 목수가 아니라 석공이었다.
- 예수는 이집트의 신비주의 컬트에서 영향을 받았다.
- 예수의 열두 제자 가운데 세 명은 예수의 배다른 형제였다.
- 예수에게서 사회주의의 맹아를 발견할 수 있다. 아니다. 예수는 보수주의자였다.

'인류의 스승' 슈바이처가 이단아?

몇 가지 이유에서 '역사적 예수' 연구그룹을 무시할 수 없다. '역사적 예수' 탐구운동은 어제오늘 시작된 운동이 아니다. '역사적 예수'에 대한 의문은 17~18세기 계몽주의 시대에서부터 싹텄다.

'역사적 예수' 탐구의 아버지는 헤르만 라이마루스$^{Hermann\ Reimarus,}$ $^{1694~1768}$다. 그는 예수 부활을 역사적 사실이 아니라고 봤다. 미국 '건국의 아버지' 중 한 사람이자 미국 제3대 대통령인 토머스 제퍼슨$^{Thomas\ Jefferson,\ 1743~1826}$도 '역사적 예수' 탐구운동의 초기 가담자 중 한 명이다.

1804년 토머스 제퍼슨$^{Thomas\ Jefferson,\ 1743~1826}$은 성경에서 '믿을 만한' 내용만 추려내 『제퍼슨 성경』$^{The\ Jefferson\ Bible,\ 1804}$을 집필했다. 지금도 '아마존'에서 구입할 수 있다. 노벨평화상 수상자인 슈바이처 박사가 가봉으로 가서 의료봉사를 하기 전에 몰두한 것도 '역사적 예수' 찾기였다. 슈바이처 박사는 『역사적 예수 탐구』$^{The\ Quest\ of\ the}$

의심은 모든 종교의 일부분이다.
모든 종교 사상가는 의문을 품은 사람들이었다.
·아이작 싱어

Historical Jesus, 1906를 집필했다. 이 책으로 '역사적 예수 탐구'의 제1기가 끝난다. 많은 정통파 신앙인이 이 책을 읽고 슈바이처가 이단이라는 결론을 내렸다.

제2기의 시작을 알린 것은 1950~60년대 독일 학계였다. '역사적 예수' 탐구가 급속히 대중화된 제3기부터 무대가 미국으로 옮겨간다. 이는 1980년대의 일로 현대 '역사적 예수' 연구그룹은 가톨릭·개신교·유대교의 신학자·성직자·종교학자·평신도들로 구성된다. 그중에는 '소설' 쓰는 황당한 사기꾼, 베스트셀러 작가가 돼보겠다는 야심가도 있지만, 대부분 각 교단·종교계에서 명망이 높은 사람이다. 신약성경에 기록된 예수의 말과 행적 중 20퍼센트 정도만 진짜라고 보는 '예수 세미나'Jesus Seminar 멤버들은 대부분 신학과·종교학과 교수다. 옥스퍼드 대학교·하버드 대학교 교수도 있다.

'역사적 예수'는 호황 출판산업이다. '역사적 예수'에 대한 책을 소비하는 독자들에게 예수는 '아이돌'이다. 예수의 '팬'들은 예수에 관해 궁금한 게 많다. 주일학교에서 배운 것들, 일요일에 신부·목사들에게 듣는 것으로 신앙인들의 '목마름'이 전부 해소되는 게 아니다. 그래서 그들은 '역사적 예수'에 열광한다. 그들은 어떤 측면에서 '중도적'이다. 정통 신앙과 무신론의 갈등 속에서 균형을 잡아줄 잠재력이 있다.

'역사적 예수' 탐구운동은 일면 '영적'이다. 근본주의 신앙인이 보기에 '역사적 예수' 운운하는 것은 무신론으로 가는 중간 단계에 불과하다. 하지만 신앙이 흔들리던 꽤 많은 사람이 '역사적 예수'에

관한 책을 읽고 다시 신앙을 회복하는 것도 사실이다. 정통 신앙인 들이 방심할 때 '눈물의 회개'가 '역사적 예수' 탐구운동에서 이뤄지고 있다.

'역사적 예수' 탐구운동에는 나름대로 성경적인 근거가 있다. '악마도 성경을 근거로 자신의 주장을 편다'고 했다. 정통파 신앙인 못지않게 '역사적 예수' 그리스도교인들도 열심히 성경을 공부한다. '역사적 예수' 탐구운동은 신학에 역사학·고고학·인류학·사회학 등 각종 사회과학의 성과를 접목했다. 즉 방법론이 탄탄하다.

'역사적 예수' 탐구운동은 '종교 간 대화' '기독교 교회 일치주의' ecumenism의 흐름을 타고 있다. '역사적 예수' 탐구운동의 최근 추세는 '유대인 예수'다. 특히 1세기 팔레스타인에 살았던 '농민 예수'다.

예수 중심으로 모든 그리스도교인 뭉칠 가능성도

『유대인 예수』*Jesus the Jew,* 1973를 지은 게저 베르메시Géza Vermes, 1924~2013를 필두로 최근의 '역사적 예수' 연구는 '유대인 예수'를 중심으로 실행되고 있다. 이런 배경에서 옥스퍼드 대학교 출판부는 2011년 『유대교 주석 신약성경』*The Jewish Annotated NRSV New Testament,* 2011을 발간했다. 이 성경은 '역사적 예수'에 대한 그리스도교와 유대교의 관점을 상호수렴하고 있다.

'영원한 적도 영원한 친구도 없다'는 말은 국제정치만의 진리가 아니라 그리스도교 내부의 진리이기도 하다. 국제정치에서도 종교에서도 새로운 '재배열'realignment이 일어난다.

순복음교회 등 방언^{方言}을 하는 오순절 교회 계통 신자는 방언을 하지 않는 장로교 신자보다 자기들처럼 방언을 하는 가톨릭 신자에게 더 친밀감을 느낄 가능성이 크다.

'역사적 예수' 문제에서도 마찬가지다. '역사적 예수'에 대한 탐구의 필요성에 공감하는 감리교 신자는, 같은 개신교 신자들보다 '역사적 예수'의 주장에 공감하는 가톨릭 신자들과 더 많은 것을 공유한다.

이런 배경에서 '역사적 예수' 탐구운동이 '다른 종교다' '별도의 그리스도교 교단이다'라는 이야기가 나오고 있다. '역사적 예수'라는 개념을 중심으로 '자유주의적' 가톨릭과 개신교가 이미 하나가 됐다고 해도 과장이 아니다.

'역사적 예수' 탐구가 오히려 그리스도교 신앙을 강화했다는 주장도 있다. 정통파 그리스도교인들이 반격에 나섰기 때문이다. 정통파 그리스도교인들은 '역사적 예수'와 '신앙의 예수'에는 차이가 없다는 것을 입증하기 위해 분투한다. 그들에 따르면 신약성경이 표현하는 예수가 실제 예수다.

아직은 정통파 그리스도교와 '역사적 예수' 연구그룹 간의 본격적인 교류나 '정반합'^{正反合}은 없다. '역사적 예수' 문헌에서 영감을 얻는 근본주의자들은 매우 드물다. 하지만 예수를 중심으로 모든 그리스도교인이 뭉칠 가능성, 모든 종교가 믿음을 중심으로 뭉칠 가능성은 항상 열려 있다. 그게 어쩌면 신앙의 역사다.

12~13세에 결혼해 예수 출산한 듯

"또 천사가 말하길 마리아여 하나님이 너를 선택하사 청결케 했으며 너를 모든 여성 위에 두셨노라." 이슬람 경전 『코란』의 제3장 이므란 제42절에 나오는 말이다. 이를 보면 알 수 있듯이 그리스도교뿐만 아니라 이슬람에서도 마리아는 특별한 존재다.

마리아는 세계에서 가장 유명한 여성이다. 전 세계 그리스도교와 이슬람 신자 40억 명이 그들의 경전인 신약성경과 『코란』을 통해 마리아와 만나고 신앙의 모범으로 삼는다.

마리아는 그리스도교와 이슬람 역사의 중심적 역할을 했다. 그는 '사도 시대'apostolic age 부터 신자들의 공경을 받았다. 그리스도교도들이 박해를 피해 몸을 숨긴 1, 2세기의 로마 카타콤에서도 '예수를 안고 있는 마리아상'이 발견된다.

서구 역사에서 마리아는 가장 많은 연구와 토론의 대상이 된 여성이다. 마리아를 빼놓고 서양 음악사와 미술사도 논할 수 없다. 종교를 떠나 음악을 좋아하는 사람치고 구노의 '아베 마리아'나 슈베르트의 '아베 마리아'를 듣고도 뭉클해지지 않을 사람은 많지 않을 것이다.

아무리 위대한 역사적 인물이라도 오늘날 '발현'apparition해 메시지를 전달하는 일은 없다. 마리아는 중요한 예외다. 마리아는 세계 곳곳에서 계속 발현하고 있다. 1917년 포르투갈의 파티마에 발현한 마리아는 '소련의 회심'을 예고했다.

2017년 5월 13일 프란치스코 교황은 마리아 발현을 목격한 프란치스코 마르토Francisco Marto, 1908~19와 히야신타 마르토Jacinta Marto, 1910~20 남매의 시성식을 거행했다. 일부 발현 사례는 교회를 당혹하게 하기도 한다. 상업적인 이유나 정신적인 문제, '이단' 사례가 끼어들기도 하기 때문이다. 그리스도교 역사에서 마리아가 발현한 사례는 2만 건이 넘는다.

역사적으로 마리아만큼 중요하면서도 생애가 그만큼 잘 알려지지 않은 인물도 드물다. 마리아는 신약성경의 4복음서에서 열세 번 나온다. 그의 인생을 성경과 역사학, 그리스도교의 전승을 바탕으로 재구성하면 대략 이렇다.

마리아는 갈릴레아에 있는 인구 1,600명의 작은 마을 나자렛에서 태어났다. 마리아당시 사람들이 부르던 말로는 미리암 또는 마리암는 당시 매우 흔한 이름이었다. 여성 세 명 중 한 명의 이름이 마리아였을 정도다. 당시 풍습을 고려하면 마리아는 아마도 몇 달 또는 1년 정도의 약혼 기간을 거쳐 12~13세에 결혼해 예수를 낳았을 것이다.

남편 요셉은 30대였을 가능성이 크다. 당시 남성의 평균 수명이

피터르 브뤼헐, 「베들레헴의 인구조사」, 1605~10.
인구조사 명령으로 만삭의 마리아가 귀향해
마구간으로 들어가는 장면을
동화 같은 북유럽 풍경으로 담았다.

45세였음을 감안하면 요셉은 예수가 '하느님 나라'의 도래를 선포한 공생활을 시작하기도 전에 이미 사망했을 것이다.

당시 여성은 여섯 명 정도의 자식을 뒀다. 신약성경에 따르면 예수에게도 '형제자매'가 있었다. 아우가 네 명^{야고보·요셉·유다·시몬}, 여동생이 두 명 이상 있었다. 마리아가 그들을 낳았는지, 그들이 요셉의 전처소생들인지는 알 수 없다. 사촌형제들일 수도 있다.

성경에 따르면 마리아는 예수를 낳고 길렀으며, 예수가 행한 최초의 기적인 물을 포도주로 바꾼 현장, 예수가 십자가에 매달린 현장, 성령이 강림한 현장에 있었다. 예수의 '승천' 이후 마리아가 나자렛으로 돌아갔는지, 예루살렘에 남았는지, 그리스로 갔는지는 알 수 없다.

「요한복음」에 따르면 예수는 마리아를 애제자 요한에게 맡겼다. 예수의 '사망' 당시 적어도 40대였을 마리아가 사도 요한과 함께 오늘날 터키에 있는 에페수스로 갔을 가능성도 있다. 19세기 어떤 독일 수녀가 마리아가 살았던 집의 환영을 보았다. 수녀의 환영을 바탕으로 고고학자들이 마리아의 집과 비슷한 유적을 에페수스에서 실제로 발굴했다. 그 집을 마리아가 거처했던 곳으로 인정하는 사람들도 있다.

마리아에 대한 궁금증을 약간 풀어주는 것이 서기 145년경 집필된 외경^{外經}인 「야고보 원복음서」^{Proto-Evangelium of James}다. 이 문헌에 따르면 마리아는 평생 동정녀였다(평생 성교한 적도 처녀막이 손상된 적도 없다는 뜻이다). 마리아의 부모는 아주 늦은 나이에 마리아를 낳았

이웃 사람이 '신의 수는 20이다'라고 하든
'신은 없다'라고 하든
나는 아무런 해를 입지 않는다.
· 토머스 제퍼슨

다. 마리아는 성전聖殿에 바쳐져 그곳에서 자랐으며 요셉은 마리아와 약혼했을 때 홀아비였다. 예수의 형제자매들은 전처소생이었다.

마리아에게는 호칭이 수천 개 있다. '동정녀 마리아'Virgin Mary, '하늘의 여왕'Queen of Heaven 같은 것들이다. 그중 제일 중요한 것은 '하느님의 어머니'Mother of God다. '하느님의 어머니'나 '천주의 성모 마리아'는 그리스어 '테오토코스'Theotokos를 대중이 이해하기 쉽게 의역한 말이다. 테오토코스는 '하느님을 잉태한 자' '하느님을 낳은 자'를 의미한다.

에페수스 공의회431에서 확정된 '하느님의 어머니'라는 표현은 4~5세기 그리스도론Christology 논쟁을 배경으로 한다. 그리스도론은 그리스도의 성질·인격·행위를 다루는 신학의 한 분야다. 그리스도교 일각에서는 21세기를 '성령의 세기'라고 부른다(성자 하느님에 비해 성령 하느님에 대한 관심이 너무 부족하다는 견해를 반영한 것이다).

삼단논법에 따르면 '하느님의 어머니'

2,000여년 그리스도교 역사, 특히 초기 수백 년은 예수에 대한 관심이 상대적으로 컸다. 예수는 하느님인가, 인간인가 또는 반신반인牛神牛人인가라는 논란에 주류 또는 정통파 그리스도교가 내린 결론은 예수가 '100퍼센트 하느님이자 동시에 100퍼센트 인간'이라는 것이다.

삼단논법으로 전개하면 '예수는 하느님이다. 마리아는 예수의 어머니다. 그러므로 마리아는 하느님의 어머니다'라는 결론이 나온다.

그리스도교회 중 로마가톨릭·정교회·루터교·성공회에서 마리아를 '하느님의 어머니'라 일컫는다. 하지만 가톨릭이나 정교회가 마리아를 하느님으로 믿는 것은 아니다. 그렇게 생각하는 가톨릭·정교회 신자는 이단이다. 마리아는 피조물이다.

그리스도론에서 파생했다고 볼 수 있는 마리아론Mariology은 계속 새로운 교의를 낳았다. '동정녀 마리아 탄생설'Virgin Birth에 따르면 예수의 아버지는 인간이 아니다. 즉 요셉이 아니다. 성령의 능력으로 마리아가 예수를 잉태했기 때문이다. 이 교의는 2세기 무렵 그리스도교회에서 보편적으로 받아들여졌고 '사도신경'에 포함됐다. 오늘날 로마가톨릭·정교회와 대부분 개신교 교회가 믿는 교리다.

4세기 이후 보편화된 평생 동정녀설에 따르면 마리아는 예수를 잉태했을 때뿐만 아니라 출산 후에도 평생 순결을 지켰다. 출산할 때도 고통을 겪지 않았다.

'마리아의 평생동정'Perpetual Virginity은 649년 라테란 공의회에서 교의로 채택됐다. 종교개혁가 루터도 이 교의를 지지했지만 다른 종교개혁가들은 이 교의에 반대했다. 오늘날에는 로마가톨릭, 정교회, 일부 성공회와 루터교회가 수용하고 있는 교의다.

루터는 「루가복음서」 제1장 제46~55절에 나오는 '마리아의 찬가讚歌'Magnificat에 대한 논문을 썼고 장 칼뱅Jean Calvin, 1509~64은 '수태고지'受胎告知, Annunciation에 대해 설교했다. 그러나 16세기 종교개혁기 이후 달라진 마리아에 대한 관점은 가톨릭과 개신교가 서로 멀어진 요인으로 작용했다.

19세기와 20세기에도 가톨릭교회는 마리아에 대한 새로운 교의를 확정했다. 교회 일치를 바라는 개신교 신자에게는 근심스러운 움직임이었다. 1854년 교황 비오 9세는 '마리아의 원죄 없는 잉태'무염시태無染始胎, Immaculate Conception를 선포했다.

마리아는 잉태됐을 때 아담이 지은 원죄의 영향을 받지 않았다는 것이다. 이는 5세기경부터 발전한 오래된 믿음이다(초대 그리스도교회 사람들은 원죄가 성교를 통해 후세에 전달된다고 보았다). 1950년 교황 비오 12세는 '마리아의 승천'Assumption을 교의로 발표했다. 이 역시 6세기까지 거슬러 올라가는 믿음이다.

개신교회들은 '하느님의 어머니'라는 표현이 '마리아 숭배'Mariolatry로 흐를 가능성을 경계한다. 많은 개신교 신자는 마리아의 '무염시태'나 '승천'에도 반대한다. 그들은 마리아도 다른 인간과 마찬가지로 원죄가 있는 죄인이라고 본다. 원죄는 없더라도 살아가면서 죄를 지었다고 본다. 따라서 마리아도 죽은 후에는 바로 하늘로 가지 못하고 최후의 심판을 기다리고 있을 뿐이다.

마리아의 호칭 중에는 '평화의 여왕'Queen of Peace이라는 것도 있다. 마리아는 다문화 시대의 평화와 갈등을 조율하는 중요한 열쇠를 쥐고 있다. 다문화 사회는 다종교 사회이기도 하다. 다문화 사회에서 이질적인 그룹 간의 접촉이 많아지면 종교와 관련된 접촉도 많아진다. 종교적으로 공통점이 많고 차이점이 적으면 좋을 것 같지만 미묘한 차이점이 더 심각한 갈등을 부를 수도 있다.

유럽과 미국에서 그리스도교는 교단이 달라도 대체적으로 공존하는 시대에 접어들었다. 문제는 그리스도교와 이슬람의 관계다. 이슬람은 그리스도교의 '저작권'을 상당 부분 인정했다.

『코란』에는 예수도 나오고 마리아도 나온다. 이슬람도 예수의 동정녀 탄생을 믿는다. 마리아는 『코란』에 70여 회 나온다. 마리아는 『코란』에 이름이 나오는 유일한 여성이다. 어떤 이슬람 문헌은 네로 황제 시대에 요한과 마리아가 로마를 방문했다는 기록을 남기기도 했다. 이슬람 전통에 따르면 태어났을 때 사탄의 손길이 미치지 못한 인간은 단 둘이다. 예수와 마리아다.

이슬람·개신교에서는 한 인간으로만 여겨

이슬람은 선지자 예수와 그 어머니 마리아를 존중하지만 예수와 마리아를 크리스천이 아니라 무슬림으로 간주한다. 개신교는 가톨릭이 마리아를 신앙의 대상으로 삼는 것을 경계하지만, 이슬람이 보기에는 예수 또한 인간일 뿐 '하느님의 아들'도 '성자聖子 하느님'도 아니다.

『코란』의 제5장마이다 제116절을 보면 하나님이 "마리아의 아들 예수야 네가 백성에게 말하여 하나님을 제외하고 나 예수와 나의 어머니를 경배하라 하였느뇨"라고 묻자 예수는 "영광을 받으소서 결코 그렇게 말하지 아니했으며 그렇게 할 권리도 없나이다"라고 답한다.

'국제정치에서는 영원한 친구도 적도 없다'는 말이 있는데 종교의 세계에서도 마찬가지다. 오늘날에는 상대적으로 그리스도교와 유대

특정 종교를 실천하지 않고 종교적으로 살겠다는 것은
특정 언어를 사용하지 않고 말을 해보겠다는 것과 같다.
·조지 산타야나

무함마드와 예수를 그린 중세 페르시아의 세밀화.
무함마드(오른쪽)가 예배를 인도하고 있다.
예수(가운데)와 그 옆으로 아브라함, 모세가 보인다.

교의 사이가 좋다. 그리스도교와 유대교의 사이가 나빴을 때는 마리아에 대한 나쁜 이야기가 유대교 공동체를 중심으로 늦어도 3세기부터 6세기까지 생산·유포됐다. 그중에는 판테라라는 유대 병사가 직업이 미용사였던 마리아를 강간해 낳은 자식이 예수라는 이야기도 있었다.

다문화 사회에서는 종교와 페미니즘도 상호작용한다. 마리아는 그리스도교와 페미니즘이 만나는 현장에도 존재한다. 전통 사회에서 마리아론은 이중적인 역할을 했다. 마리아는 부권사회에서 억압의 수단으로 악용되기도 했다. 마리아는 육아와 신앙의 모범으로 제시됐다. 마리아의 순종과 정결성은 웬만해선 도달하기 힘든 족쇄였다. 독일어 표현을 빌리자면 여성이 해야 할 일과 있을 곳은 'Kinder, Küche, Kirche'아이들, 부엌, 교회로 요약됐다. 프랑스 철학자 시몬 드보부아르Simone de Beauvoir, 1908~86는 서구 문명이 여성을 억압하는 수단으로 마리아를 악용했다고 주장했다.

반대로 마리아는 여성의 지위를 향상하는 기능도 했다. 2세기에 활동한 신학자 에이레나이오스는 이브하와와 마리아를 대비시켰다. 하느님을 거역한 이브 때문에 인류가 타락했으나, 하느님에게 순종한 마리아 덕분에 인류가 구원받게 됐다는 것이다. 일각에서는 세계의 다른 문명권에 비해 유럽·미국에서 여성의 지위가 더 빨리 높아진 것은 마리아의 공로라고 주장한다. 1980~90년대 일부 그리스도교 페미니스트는 성령을 여성으로 인식해야 한다고 주장했다. 어떤 사람들은 마리아와 마리아 막달레나를 페미니즘의 아이콘으로 내세우기도 한다.

이처럼 마리아와 세상의 만남은 끝없이 계속되고 있다. 그리스도교와 이방 종교가 만났을 때 마리아는 이방의 여신들을 '흡수'하는 '수단'이었다. 지리상의 대발견 시대 이후에도 마리아는 현지 사람들과 만났다.

여성들 지위 향상의 '견인차'

마리아를 억압받는 모든 이의 어머니로 해석할 수도 있다. 당시 유대인들은 로마가 세운 꼭두각시 왕, 로마 그리고 종교 엘리트들에게 세금을 내야 했다. 로마는 걸핏하면 전쟁을 일으켜 사람들을 노예로 삼았다.

우리는 마리아와 함께 그의 배필 요셉도 기억할 필요가 있다. 마리아는 요셉과 약혼한 상태에서 임신했다. 요셉은 마리아가 간음했다고 생각할 수밖에 없었다. 율법에 따르면 마리아를 투석형으로 죽여도 될 정도의 큰일이었다. 하지만 마리아가 죽임당하는 것을 바라지 않은 요셉은 조용히 파혼하려고 했다. 그러자 천사가 그의 꿈에 나타나 성령으로 잉태한 것이라고 알린다. 요셉은 하느님을 믿었고 마리아를 믿었다.

오늘날 가톨릭교회 내부에서는 마리아 위상의 강화와 축소가 동시에 이뤄지고 있다. 제2차 바티칸 공의회 이후 일반인은 감지하기 어려운 기류가 생겼다. 가톨릭교회가 예수의 역할을 강조하기 위해 마리아의 역할을 축소하고 있다는 얘기가 들린다. 사실이라면 가톨릭이 마리아를 예수와 '공동구원자'coredeemer라고 확정해 내세우는 게 아닌지 우려하는 개신교 측의 시각을 불식하기 위해서였을 것이다.

현대 가톨릭교회는 개신교회의 '눈치'를 본다. 오늘날 상당수 가톨릭 신학자는 마리아가 예수 외에 다른 자식들을 낳았다는 주장을 수용한다. 예루살렘 교회 공동체를 이끈 야고보가 예수의 친동생이라는 것이다.

예나 지금이나 마리아는 많은 논란을 불러일으키는 '위험한' 인물이기도 하다. 무함마드는 이슬람을 창시하면서 당시 아랍인들이 믿던 360명의 '잡신'을 소탕했다. 그중에는 예수와 마리아도 포함됐다. '껄끄러운' 존재지만 이슬람은 일신교의 역사에서 마리아를 완전히 지울 수 없었고 『코란』에서 비중 있게 다뤘다.

어떤 그리스도교 교회·교단이건 마리아를 완전히 지울 수는 없다. 마리아는 예수의 어머니다. 마리아를 예수 탄생을 위해 '신에게 자궁만 빌려준 여인'으로 깎아내릴 수 없다.

단 한 번 살며 득도한 '제2의 싯다르타'

대체적으로 민족종교와 달리 그리스도교·이슬람·불교 같은 보편종교는 민족국가의 범위를 초월한다(물론 민족종교에도 세계적 보편성이 내재돼 있다. 종교의 역사가 증언하고 있는 것처럼, 민족종교도 세계종교로 발돋움할 수 있다).

하지만 세계는 민족국가로 쪼개져 있다. 보편종교들은 '민족국가로 구성된 세계'라는 틀 안에서 서로 경쟁해야 한다. 예컨대 한국 불교는 일본 불교, 중국 불교, 베트남 불교, 태국 불교, 스리랑카 불교, 티베트 불교와 '세계종교시장'에서 서로 경쟁하는 관계라고 볼 수 있다.

경쟁이 나쁜 것은 아니다. 각 나라 불교가 다른 나라 불교와 경쟁하는 가운데 글로벌 불교가 질적으로나 양적으로 성장할 수 있다. 오늘날 불교도는 통계에 따라 약간씩 차이가 나지만 그 수가 최대 16억 명에 이른다. 신도 수만으로는 세계 1, 2위를 다툰다. 낮춰 잡아 5억 명 정도라고 해도 세계 5대 종교에 너끈히 들어간다.

관점이나 평가 기준에 따라 역시 달라지겠지만, 동아시아 불교의 챔피언은 한·중·일 불교가 아니라 티베트 불교다. '구글 검색' 기준으로 그렇다. 특히 티베트 불교는 불교에 관심이 많은 미국과 유럽 사람들을 사로잡고 있다. 티베트 불교의 3대 셀링포인트selling point는 달라이 라마, 『티베트 사자의 서』, 밀라레파Milarepa, 1028/40/52~1111/23/35다.

밀라레파는 누구인가. 밀라레파는 '무명옷을 입은 밀라'라는 뜻이다. 밀라레파는 티베트 불교 수행자 가운데 가장 유명한 인물이다. 티베트 불교인들은 3·4대 종파를 초월해 밀라레파를 존경한다. 그는 '완전히 깨달은 자'다. '티베트의 부처' '제2의 부처'라고도 불린다. 통상적으로 부처가 되려면 윤회를 거듭하며 정진精進해야 한다. 밀라레파는 단 한 번 살며 득도했다.

밀라레파의 인생을 재구성한 것이 1488년에 출간된 『밀라레파의 인생』Life of Milarepa이다. 세계문학 고전 반열에 든 책이다. '자서전 형식을 빌려 쓴 전기'인 이 책을 바탕으로 밀라레파의 득도기를 재구성하면 다음과 같다.

밀라레파는 부잣집에서 태어났다. 어렸을 적 이름인 두파가는 '듣기 좋은'이라는 뜻이다. 일곱 살이었을 때 아버지를 여의는 바람에 재산을 악독한 당숙·당고모에게 모두 빼앗겼다. 어머니는 복수를 위해 밀라레파를 흑마술을 가르치는 이에게 보냈다.

밀라레파는 흑마술을 부려 거대한 전갈이 지붕을 무너뜨리도록 해 35명의 사람을 몰살시켰다. 참극의 현장은 당숙 맏아들의 결혼

밀라레파는 아버지의 원수를 갚기 위해
흑마술을 배운 뒤 당숙의 집을 무너뜨려 일가족을 몰살시켰다.
그러나 잘못을 뉘우치고
오랫동안 수행한 끝에 도를 깨우쳤다고 한다.

을 축하하는 자리였다. 얄궂게도 당숙·당고모는 살아남았다(둘을 살려둔 것은 일종의 '문학적' 장치다. 훗날 밀라레파는 당숙·당고모와 화해한다). 복수는 복수를 부른다. 마을 사람들이 복수하려고 하자 밀라레파는 우박폭풍이 일게 해 마을 사람들의 한 해 농사를 망쳐버린다.

양심의 가책을 느낀 밀라레파는 세상을 버리고 수행자가 된다. 수많은 경전을 인도에서 가져와 티베트어로 옮긴 것으로 유명한 스승 마르파$^{Marpa, 1012~97}$가 그를 괴롭힌다.

밀라레파는 눈물로 밤을 지새웠다. 자살해버릴까 하는 생각까지 하게 된다. 스승이 그를 단련시킨 것은 밀라레파의 악업을 씻어내기 위해서였다. 스승의 지시에 따라 밀라레파는 맨손으로 탑을 쌓고 허물기를 반복한다. 때가 되자 스승은 밀라레파에게 명상법을 비롯해 득도의 방법론을 전수한다. 밀라레파가 쌓았다는 탑은 아직도 남아 있다.

밀라레파는 토굴로 들어가 12년 동안 피골이 상접한 채로 수행에 매진했다. 그가 명상을 수행한 토굴은 스무 개다. 오늘날에도 그의 제자들의 제자들이 토굴 속에서 정진하고 있다. 쐐기풀로 만든 죽만 먹다 보니 밀라레파는 온몸이 파랗게 변했다. 고행 끝에 득도한 그는 하늘을 날 수 있게 되었다. 축지법도 쓰면서 우주의 모든 곳을 자유롭게 다닐 수 있었다. 밀라레파는 남녀차별을 하지 않았다. 수많은 남성·여성 제자에게 깨달음에 이르는 길을 가르쳤다.

밀라레파는 그를 시기하는 승려에게 독살당했다. 84세에 생을 마감했다. 성불한 그는 죽지 않을 수도 있었으나 죽음의 길을 선택했

내 종교는 나 스스로를 속이지 않는 것이다.
·밀라레파

다. 그는 시인이었다. 제자들이 쉽게 깨칠 수 있도록 게송偈頌을 지었다. 모두 깔끔하고 아름다웠다. 그가 지은 게송을 모은 것이 『십만송』十萬頌이다. 그는 어려서부터 목소리가 좋았고 노래를 잘 불렀다.

양심에 가책 느껴 불도에 입문

우리는 밀라레파를 어떻게 읽어야 할까. 밀라레파는 비교종교학의 지평을 넓히는 흥미로운 사례다. 한 가지 주목할 점은 '스승과 제자'의 중요성이다. 어른은 자식을 키움으로써 더 큰 어른이 된다. 일반적으로 그렇다는 이야기다. '자식이 없으면 어른이 될 수 없다'는 말은 절대 아니다. 또 자식을 키운 후에도 애어른으로 남는 경우도 있다. 다만 일반적으로 스승은 제자를 키움으로써 더 큰 스승이 된다.

티베트 불교는 '스승-제자' 관계를 중시한다. 밀라레파의 수행 과정에서 중요한 것은 석가모니라기보다 오히려 스승인 마르파였다. 상대적으로 계보系譜, lineage를 중시하는 종교와 그렇지 않은 종교가 있다. 그리스도교 중에서는 가톨릭이나 정교회가 계보를 중시한다. 모든 사제는 궁극적으로 예수의 제자들의 제자들의 제자들이라는 것이다. 티베트 불교도 선불교와 마찬가지로 사제지간의 협업을 통해 진리의 길로 나아가는 것을 중시했다. 밀라레파가 좋은 예다. 그는 자신의 스승이 부처라고 확신했다.

예수의 제자는 수천 명에 달했겠지만, 핵심 제자는 열두 명이었다. 예수는 신 그 자체나 신의 아들이기 이전에 스승이었다. 예수는

티베트 라마교의 사원인 부다라궁(布達拉宮) 앞에서
오체투지(五體投地)에 열중하는 순례자들.
양 무릎과 팔꿈치, 이마 등 몸의 다섯 부분을 땅에 닿게 하는
오체투지는 고행(苦行)의 채찍질이자
자신을 낮춤으로써 상대방에게 존경을 표하는 예법이다.

제자들의 절대적인 믿음을 얻는 데 성공했다. 예수의 제자들에게 예수가 신이었다면, 밀라레파에게 스승 마르파는 '살아 있는 부처'였다. 티베트 불교와 그리스도교를 관통하는 공통분모는 '스승'에 대한 절대적인 믿음, 확신, 신뢰다.

밀라레파와 싯다르타 부처를 비교해도 흥미로운 점이 드러난다. 싯다르타는 '금수저' 출신이다. 그는 세상의 모든 부귀영화나 최고 수준의 교육이 헛되다는 것을 깨달았다. 반면 밀라레파는 요즘으로 치면 중산층, '은수저' 출신이다. 아버지가 돌아가신 후에는 '흙수저' 신세로 살았다. 그 역시 세속 세상이 전혀 즐겁지 않았다.

엄청난 부나 권력을 향유한 사람들이 인생에 대한 회의, 허탈감 속에서 영적인 세계를 희구하는 경우는 많다. 하지만 부귀영화와는 거리가 먼 밀라레파가 불도에 관심을 품게 된 이유는 뭘까.

'죄'의 문제였다. 그는 자신이 이번 생에서 지은 죄업 때문에 지옥에 떨어지지 않을까 두려워했다. 그는 구원이 필요했다. 그런 의미에서 그는 불교와 선과 악, 구원이 중심 테마인 그리스도교를 연결하는 다리가 될 수 있는 인물이다.

"명예·권위만 위해 승복 입은 자들은 반대"

티베트의 요기수행자 밀라레파는 평범한 사람도 때가 차고 동기가 생기면 정진해 구원받을 수 있다는 것을 예시한다. 어머니의 평가에 따르면 그는 지극히 평범했다. 밀라레파의 어머니는 아들을 두고 "내 아들은 공부를 특별히 좋아하지도 않고 참을성도 그리 강하

나는 아무것도 필요 없고, 아무것도 구하지 않고,
아무것도 바라지 않는다.
· 밀라레파

지 않다"라고 평가했다.

밀라레파는 우리나라 불자들에게 신선한 울림을 주기도 한다. 『티벳의 위대한 요기 밀라레파』의 한글판에 14대 달라이 라마는 다음과 같은 추천사를 보냈다. "티베트에 보급된 불교는 소승과 대승 그리고 대승의 밀교부에 해당하는 금강승을 모두 포함한다. 이들 전부 불법의 각기 다른 면모이며 이들은 서로 모순되거나 충돌을 일으키지 않는다."

밀라레파는 현대의 종교인들에게 일침을 날린다. 한번은 그와 어릴 적 약혼했던 제세라는 여성이 찾아와 물었다. "당신은 수행법도 다른 모든 종교인의 그것과 반대되나요?"

이에 대한 밀라레파의 대답이 날카롭다. "내가 반대하는 것은 명예나 권위만을 위해 승복을 입은 자들, 재산과 명성을 노리고 겨우 경전 한두 권을 암송하는 것으로 만족하는 자들, 당파심으로 자기 종파의 승리와 다른 종파의 패망을 위해 노력하는 자들이오. 그렇지만 진지한 수행자들이 있으니, 비록 종파나 교리는 서로 달라도 그들이 방금 말한 사람들이 아니라면 목적에 큰 차이가 있을 수 없고, 그래서 나는 그중의 어느 누구에게도 반대하지 않소."

죽음을 준비하는, 산 자를 위한 책

『티베트 사자의 서』는 14세기에 재발견된 8세기 티베트 경전이다. 『밀라레파의 일생』과 보완관계인 책이다. 메시지를 요약해보면 이렇다. 사람은 죽은 다음에도 몸과 마음이 분리된 새로운 상황에 어떻게 대처하느냐에 따라 성불할 수도 있고, 신들이 사는 낙원 같은 곳에 갈 수도 있고, 사람으로 다시 태어날 수도 있다. 죽은 다음에 어리바리 방황하면 축생畜生이나 축생보다 더 곤란한 모습으로 다음 세상에 태어날 수도 있다.

'좋은 곳'으로 가는 길을 제시하는 게 『티베트 사자의 서』다. 죽을 무렵, 죽는 순간, 죽은 다음에 스스로 읽고 또 남들이 대신 읽어주는 경전이다. 생사일여生死一如다. 생과 사가 다름없다. 하나다. 죽음의 고통이 사라져야 삶의 고통도 사라진다. '사자'는 생사의 고통을 없애는 유용한 기술을 제시한다.

저자는 아미타불의 화신인 파드마삼바바Padmasambhava, 연화생상사蓮華生上師다. 8세기 사람이다. 인도 출신인 그는 부탄과 티베트에 불교를 전파했다. 전설에 따르면 그가 이 책을 비롯한 각종 문서를 티베트 곳곳에 숨겼다고 한다. 아직 때가 아니었기 때문에 숨긴 것이다. 『티베트 사자의 서』는 14세기가 되어서야 세상에 다시 그 모습을 드러냈다. 많은 티베트학 학자들이 이를 후대의 위작이라고 평가한다. 하지만 달라이 라마가 이 책 영문판의 서문을 써서 공인했다.

20세기가 되면 『티베트 사자의 서』가 서양으로 전파된다. 원제는 『중간 상태에서 청문聽聞으로 얻는 해탈』Bardo Thodol이다. 『이집트 사자의 서』에 맞춰 『티베트 사자의 서』라는 제목이 붙었고 이 제목으로 굳어졌다. 정작 티베트에서는 거의 찾아보기 힘든 책이다. 오히려 서양에서 불교 입문서로 유명해졌다. 1927년 옥스퍼드 대학교 출판부에서 첫 영역본을 출간하자마자 서구 사회에서 고전이 됐다.

> 가장 낮은 곳을 차지하면 가장 높은 곳에 도달할 것이다.
> ·밀라레파

스위스 정신의학자 융은 이 책이 "인간 심리를 다룬 책"이라며 찬사를 보냈다. '동양의 『신곡』'이라고도 불린다. 임사체험을 겪은 사람들이 말하는 것과 일치하는 내용도 많기 때문에 주목받는다.

무엇보다 『티베트 사자의 서』는 죽음의 공포를 없애는 책이다. '죽음은 좋은 것도 나쁜 것도 슬픈 것도 기쁜 것도 아니다. 죽음은 삶과 또 다른 삶 사이의 중간 과정일 뿐이다. 죽음은 존재의 끝이 아니라 새로운 존재의 시작이다. 죽은 사람은 몸이 없기 때문에 어느 누구도 죽은 사람에게 위해를 가할 수 없다'라는 메시지가 위안을 준다.

사후에 몸과 분리된 의식은 기분 좋은 이미지와 무서운 이미지를 연달아 보게 된다. 모두 자신의 의식 작용이 만들어내는 '생생한 꿈'이다. 삶이 여정이라면 삶과 삶 사이의 죽음도 여정이라는 게 이 책이 전달하는 메시지다. 죽음은 '마지막 기회'가 아니라 오히려 '최고의 기회'다.

몸과 마음이 분리된 사후에는 해탈하기가 더 쉽다. 어디든지 마음대로 갈 수 있다. 해탈이 최고의 목표지만 해탈에 실패할 경우에는 환생해야 한다. 신성한 존재들이 사는 곳에서 태어날 수도 있다. 하지만 『티베트 사자의 서』는 불법이 전해지고 실천되는 곳에서 태어나는 것을 추천한다.

신들이 사는 곳에서는 '흰색 빛'이 흘러나온다. 인간 세상에 태어나기 위해서는 '파란 빛'을 따라가야 한다. '파란 빛'을 따라가면 모든 중생이 성불하기 전까지 성불을 미루고 있는 '고집불통의 위대

천천히 서두르면 곧 목적지에 도달한다.
· 밀라레파

한 인간들'이 사는 우리 세상으로 다시 올 수 있다.

『티베트 사자의 서』에 따르면 어떻게 환생하는지는 산 자와 죽은 자 간의 협업collaboration이 얼마나 잘되느냐에 달렸다. 우선 산 자는 울고불고 소란을 피우거나 슬픔에 지나치게 빠지면 안 된다. 모든 종류의 경계인境界人은 힘들다. 삶과 죽음의 경계에 있는 자도 마찬가지다. 그렇지 않아도 낯선 환경 속에서 혼란을 겪는 망자를 더욱 어렵고 힘들게 하면 안 된다. 산 자들이 할 일은 그저 이 책을 열심히 독경하는 것이다.

『티베트 사자의 서』는 죽은 자를 위한 책이기 이전에 산 사람들을 위한 책이자 살아 있을 때를 위한 책이다. '생자生者의 서'이기도 하다. 유가족에게 위로를 준다. 모든 살아 있는 사람에게 언젠가 맞이할 죽음을 준비하게 해주는 책이다.

16 세계 최고의 신비주의 시인 루미

미국 등 전 세계에서 수백만 권 읽혀

세상에 '나' 아닌 것은 없다. 우주는 '거대한 나'다. 종교, 특히 종교 중에서도 신비주의는 '작은 나'를 망각하고, 상실하고, 멸살하지 않고서는 '큰 나'를 발견할 수 없다고 설파한다.

왜 그럴까. 신을 믿는 신비주의의 경우, 다음과 같은 논리를 전개한다. 이미 뭔가로 가득 찬 것에는 다른 게 들어올 수 없다. 나의 내면이 온갖 욕망에 집착하는 '나'로 가득 차 있으면 그 속으로 '신'이 들어올 수 없다. '나'를 잊고 '나'를 비워야 신이 내 안으로 들어올 수 있고 신을 내 안에서 발견할 수 있다.

종교는 '체계화된 신비'다. 미스터리다. 신비주의가 생성되지 않은 종교는 없다. 신비주의는 분열과 갈등의 원인이기도 하다. 신비주의는 정통으로 인정받기 전까지 주류에게 외면당한다. 어쩌면 신비주의 때문에 일부 비非신앙인에게 종교가 '거대한 거짓말'의 체계로 보일 수도 있다.

사실 종교는 황당한 주장을 한다. 종교는 '벌레보다 못한 인간'이 세상의 '궁극적인 원인'이나 '절대자'와 하나가 될 수 있다고 가르친다. 심지어 종교는 살인자라도 깨달음을 얻어 '신보다 더 위대한 존재'가 될 수 있다고 가르친다.

표준국어대사전은 신비주의^{神祕主義, mysticism}를 "우주를 움직이는 신비스러운 힘의 감지자인 신이나 존재의 궁극 원인과의 합일은 합리적 추론이나 정해진 교리 및 의식의 실천을 통해서는 이뤄질 수 없고 초이성적 명상이나 비의^{祕儀}를 통해서만 가능하다고 보는 종교나 사상"이라고 정의한다. 이 정의에서 드러나듯이 신비주의는 스스로를 본류와 격리시키는 성향이 있다. 신비주의가 성공하는 것은 보편성 확보여부에 달려 있다.

오늘날 세계에서 가장 영향력 있는 신비주의자는 누구일까. 잘랄 앗딘 무함마드 루미^{Jalāl ad-Dīn Muhammad Rūmī, 1207~73년경}를 빠뜨릴 수 없다. 실제로 영성가 디팍 초프라^{Deepak Chopra, 1946~}, 가수 마돈나를 비롯한 문화·예술가들이 그에게서 영감을 얻는다.

유네스코는 2007년을 '루미의 해'로 선포했다. 루미는 세계 최고의 신비주의 시인이다. 이란을 포함하는 페르시아어 사용권의 7,000~8,000만 명이 그를 '우리들의 스승'^{Mowlana}이라고 부른다. 그의 주저인 『마스나위』는 '페르시아어 『코란』'으로 평가받는다.

그는 페르시아 제국^{기원전 550~330년}의 후예 중 하나인 화레즘 제국^{1077~1231}의 발흐에서 태어났다. 오늘날의 아프가니스탄이다. 루미의 신비주의 배경은 수니파 이슬람이다.

한때 아프가니스탄을 통치한 탈레반 정권은 음악을 금지했다. 세

터키 부자(Buca)에 있는 루미의 조형물.
루미는 세계 최고의 신비주의 시인으로 추앙받고 있다.

수피즘 전통에 따라 세마 춤을 추는 사람들.
이 춤은 루미의 제자들이 창시한
마울라위야 교단의 트레이드마크다.

계의 선지자급 종교 지도자 가운데서도 음악이나 춤을 싫어하는 사람이 있다. 그러나 특히 갈대 피리^{reed flute}를 좋아한 루미는 음악과 춤을 신에게 다가가는 수단으로 삼았다. 특히 무아지경에 빠지게 하는 '빙글빙글 돌면서 추는 춤'^{whirling dance}은 루미의 제자들이 창시한 마울라위야 교단의 트레이드마크다. 터키의 세계적인 관광자원이기도 하다. 터키 정부가 신비주의를 통제하려고 한 적이 있었지만 터키 이슬람 신비주의에 대한 세계적인 관심을 억누르는 데 결국 실패했다.

루미는 엑스터시 상태에서 시를 썼다. 그는 피리 소리, 북 소리, 대장간에서 망치질 하는 소리, 물레방앗간의 물 흐르는 소리를 통해 황홀경에 도달했다. 우리나라에서는 루미의 연가^{戀歌}가 미풍도 불러오지 못했지만, 미국 출판계에서는 '붙박이 태풍' 수준이다.

루미의 연가는 미국을 중심으로 전 세계에서 수백만 권이 팔렸다. 스테디셀러·베스트셀러가 됐다. 2001년 9·11테러 이후 미국과 이슬람은 더욱 껄끄러운 관계가 됐다. 어떻게 '케케묵은' 13세기 이슬람 시인이 『뉴욕타임스』 등이 찬사를 아끼지 않는 최고의 베스트셀러 시인으로 등극한 것일까. 그야말로 미스터리다.

이슬람 연시의 새로움 선사

여러 가지 원인이 복합적으로 작용했다고 봐야 한다. 몇 가지 가설을 제시할 수 있는데, 우선 루미가 탁월한 '사랑의 시인'이라는 점이다. 아무리 들어도 질리지 않는 게 '사랑해요'라는 말이다.

> 여러분이 할 일은 사랑을 찾는 게 아니라
> 여러분 안에서 스스로 사랑에 반대해 쌓은 장벽을
> 발견하는 것이다.
> ·루미

하지만 좋은 말도 자꾸 들으면 질리는 게 인간 본성이다. 사랑에도 신선한 것이 필요하다. 이슬람, 그중에서도 수피즘^{Sufism}을 배경으로 하는 루미는 미국인들에게 이슬람 연시^{戀詩}의 새로움을 선사했다. 물론 대중적인 보편성도 있다. 루미는 신학·철학·천문학·법학 등에 달통한 학자이기도 하지만, 그의 시는 무엇보다 일상생활 속에서 사랑과 신앙을 끄집어낸다. 유머도 있지만 깊이도 있다.

루미가 신봉한 수피즘은 무엇인가. 간단히 말해 이슬람 신비주의인 수피즘은 유교나 천도교와 마찬가지로 '천인합일'^{天人合一}을 추구하는 종교적 경향이다. 수피즘은 '아슬아슬'하게 이슬람의 사상적·종교적 영역을 넓혔다.

모든 종교에는 정통과 비정통, 다수파와 소수파를 따지는 경향이 있다. 정통·다수파가 보기에 비정통·소수파는 '이단'이다. 이들은 사람들을 억압하려고 하며 '이상한' 이야기를 하면 죽이려고까지 한다. 오늘날에는 수피즘 교단이 100여 개가 넘지만 '초기 이슬람의 순수성으로 돌아가자'는 운동인만큼 발생 초기부터 경계의 대상이 되었다. 순교자도 나왔다. 루미보다 300여 년 전에 태어난 수피의 성자 만수르 알할라즈$^{Mansoor Al-Hallaj, 858~922}$는 이단으로 몰려 922년 바그다드에서 처참하게 죽임당했다. 트랜스 상태에서 "내가 진리다"라고 선포했기 때문이다. 알할라즈의 사상을 부분적으로 수용한 루미는 살아남았다. 시대가 바뀌었고 그가 워낙 거물이었기 때문이다. 하지만 수피즘에 대한 박해는 주기적으로 재연되고 있다.

이슬람은 유대교·그리스도교와 더불어 대표적인 일신교다. 세

나는 인내의 칼로 분노의 목을 베었다.
·루미

종교는 모두 아브라함의 믿음을 각자의 방식으로 계승한다. 이 3대 일신교는 굉장히 달라 보이지만 이들을 관통하는 공통분모가 존재한다. 바로 사랑이다. '그리스도교는 사랑의 종교가 아니라 일차적으로는 구원의 종교다'라는 말도 있지만, 사도 바울은 신망애信望愛 삼덕三德 가운데 사랑이 최고라고 했다.

유대교에도 사랑의 전통이 있다. 대표적인 문헌은 「아가」雅歌다. 표준국어대사전이 정의하는 「아가」는 이렇다. "구약성경의 한 편. 여덟 장으로 된 문답체의 노래로, 남녀 간의 아름다운 연애를 찬양한 노래다. 저자는 솔로몬으로 추측되기도 하는데 확실하지 않다." 19금 수준의 노골적이고 낯뜨거운 내용도 많이 나온다.

성경 「아가」의 '이슬람 버전'

루미의 연시는 「아가」의 이슬람 버전이다. 그는 이슬람도 사랑의 종교라는 것을 논증하기 위해 페르시아의 연시 전통을 이슬람 신앙과 결합했다. 유대교·그리스도교 신자들은 루미의 연시를 읽으며 이슬람 또한 사랑을 중시하는 종교임을 깨닫는다. 일체감이나 호감을 느끼기도 한다. 루미가 파악하기로는 인간의 영혼은 신에게서 분리돼 있다. 그가 쓴 시의 주제는 견우직녀처럼 애달프게 결합을 꿈꾸는 인간과 신이다.

트럼프 미국 대통령이 말하는 아메리카가 아닌, '리버럴 아메리카'Liberal America는 다원주의·다문화주의를 표방한다. 다원주의·다문화주의는 과격하고 폭력적인 이슬람주의와 이슬람을 구분할 것을 요구한다. 이슬람과 관련된 것이 전부 나쁘다고 하는 것은 다원주의·다문화주의의 에토스^{ethos}와 맞지 않는다. 루미는 이슬람에도 인류 보편의 선함이 있음을 입증한다.

루미는 포스트모던 시대, 탈종교^{post-religion} 시대를 살아가는 사람들의 영성·심리와 찰떡궁합이다. 포스트모던 시대 사람들은 제도화된 종교나 인격적인 신을 믿는 것은 꺼리지만, 영적인 것은 갈망한다. 루미는 그러한 갈망에 단비 같은 존재다. 선불교와 마찬가지로 루미는 미국·유럽 사회에 대안을 제시한다. 그리스도교과 무신론 사이에서 영적인 '제3의 길'을 놓는다. 이를 바탕으로 한 미국 출판업계의 마케팅은 성공적이었다. 그들은 루미를 일종의 '시원적 휴머니스트'^{proto-humanist}로 포장했다. 미국 출판계는 무슬림 루미의 시에서 '껄끄러운 부분을 제거한'^{sanitized} 후에 일반인들이 보편적으로 공감할 수 있도록 상품화했다.

사실 루미는 수피즘 교단 중 하나를 창시한 인물이지만, 수니파 이슬람에 속한다. 그의 시에는 무함마드를 존경하고 알라를 찬양하는 내용도 많이 등장한다. 루미는 "나는 생명이 붙어 있는 한 『코란』의 종이다. 나는 신께서 선택하신 무함마드의 길에 놓인 먼지에 불과하다"라고 고백했다.

귀인을 만나면 인생이 바뀐다. 루미에게는 샴스 타브리즈^{Shams Tabrizi, 1185~1248}가 귀인이었다. 1244년에 만났다. 샴스는 까다롭고 때때로 잔인하기까지 했다. 하지만 그는 루미가 만난 최고의 스승이었다. 루미는 그에게서 무엇을 배웠을까.

샴스는 뻔한 미래에서 도망가라고 루미를 설득했다. 루미는 24세가 되었을 때 이미 어느 정도 사회적으로 자리 잡았다. 미래가 보장된 종교지도자였다. 그런 그에게 '책을 읽지 말라'고 가르쳤다. 그 대신 음악과 시와 춤으로 신에게 다가가라고 일러줬다. 언어와 논리의 세계에서 벗어나 진정한 자유를 얻게 하기 위해서였다.

"논리 대신 음악과 시로 신에게 다가가라"

루미를 둘러싼 주요 논란 가운데 하나는 그가 샴스와 호모에로틱homoerotic한 관계였느냐 아니였느냐. 이 문제에 대해 펄쩍 뛰는 학자도 있고 '그랬을 가능성도 있다'거나 '모른다'는 식으로 봉합하는 학자도 있다. 이 논란은 사실 아나크로니즘anachronism의 산물이기도 하다. 당시 이슬람 사회는 남성 간의 우정을 중시했다. 13세기의 아나톨리아를 21세기의 시각으로 보면 이상하게 보일 수도 있다.

1248년 샴스가 사라졌다. 둘의 사이를 질투한 루미의 아들이 그를 암살했다는 게 정설이다. 샴스를 향한 그리움과 상실감은 루미를 시인으로 만들었다.

루미는 관용의 사상가다. 무식한 사람, 유식한 사람을 가리지 않고 모든 사람과 어울리고 대화했다. 그리스도교인과 유대인들과도 친교를 맺었다. 루미의 장례식에는 다양한 종교를 믿는 사람들이 참석했다.

루미가 살았던 시대의 이슬람 세계는 '잘나갔다.' 이슬람권과 그리스도교권은 스승-제자 관계였다. 문명이나 조직·국가·종교 등

상실감으로 슬퍼하지 말라.
우리가 잃어버리는 것은 언젠가는 다른 모습으로
다시 우리 앞에 나타난다.
·루미

기독교·유대교·이슬람교의 공동 성지인
이스라엘 파트리아크 동굴(이브라힘 모스크).
이들 교도들은 모두 이곳이 성서에 나오는 네 부부,
즉 아담과 이브, 아브라함과 사라, 이삭과 레베카,
야곱과 레아의 매장지라고 여기고 있다.

공동체가 '잘나갈 때'는 대부분 포용력이나 개방성이 증가한다. '밀리기 시작할 때'부터 편협해지고 폐쇄적으로 변하는 경우가 많다. 21세기에 우리가 목도하는 이슬람주의의 폭력성·편협성은 어쩌면 이슬람권의 피포위심리 때문인지도 모른다.

루미는 다섯 살 때 천사들을 봤다고 전해진다. 아버지는 이슬람 지도자였다. 루미가 여섯 살이었던 1218년경 그의 식구들은 고향을 떠나 이동 거리가 4,000킬로미터에 달하는 대장정을 시작했다. 1215년부터 5년여간 계속된 몽골의 침입을 피해서다. 실크로드를 따라 바그다드·다마스쿠스·메카 등지를 거쳐 셀주크 투르크 왕조가 다스리는 코니아에 정착했다.

오늘날의 터키에 속한 코니아는 셀주크 투르크 왕조의 수도였다. 루미의 어원은 로마다. 루미는 '로마인'이라는 뜻이다. 그의 식구들이 정착한 아나톨리아 반도가 이슬람의 시각으로는 옛 로마제국의 일부였기 때문이다. 루미는 두 번 결혼해 첫째 부인과 2남을, 둘째 부인과 1남1녀를 뒀다. 그의 대표작은 2만 6,000구로 된 총 여섯 권의 대서사시 『마스나위』다. 그의 묘소는 오늘날 순례자의 발길이 끊이지 않는다. 그의 묘비명은 "우리가 죽으면 우리의 무덤을 지상에서가 아니라 사람의 가슴속에서 찾아라"다.

우리나라에서도 『루미의 우화 모음집』『루미 평전: 나는 바람 그대는 불』『나는 다른 대륙에서 온 작은 새: 잘랄 앗 딘 루미 우화잠언집』등 루미 관련 서적이 몇 권 출간됐다. 아직은 크게 주목받지 못하고 있다는 게 아쉽다.

> 당신이 모든 재물의 가치를 하나하나 알면서도
> 정작 당신 영혼의 가치를 모른다면, 당신은 바보다.
> ·루미

따뜻한 종교이야기

유신론자와 무신론자 모두를 위하여

지은이 김환영
펴낸이 김언호

펴낸곳 (주)도서출판 한길사
등록 1976년 12월 24일 제74호
주소 10881 경기도 파주시 광인사길 37
홈페이지 www.hangilsa.co.kr
전자우편 hangilsa@hangilsa.co.kr
전화 031-955-2000~3 팩스 031-955-2005

부사장 박관순 총괄이사 김서영 관리이사 곽명호
영업이사 이경호 경영이사 김관영
편집 김광연 백은숙 노유연 이경진 김대일 김지수
마케팅 양아람 관리 이중환 문주상 이희문 김선희 원선아
디자인 창포 031-955-9933
CTP 출력 및 인쇄 예림인쇄 제본 중앙제책사

제1판 제1쇄 2018년 2월 9일

값 13,000원
ISBN 978-89-356-7048-2 04080
ISBN 978-89-356-7041-3 (세트)